わたしの居場所

共同通信社取材班

現代人文社

格差が広がり、分断が進む。新型コロナウイルス感染症の流行により、拍車が掛かった。行き場を失う人も、後を絶たない。

そんな日本社会で、人々が集う「居場所」がある。

自分らしく過ごせる。みんなで元気を与え合う。壊れかけた関係を紡ぎ直す。未来に向けて種をまく……。

各地のさまざまな居場所をルポする。

わたしの居場所　目次

※　本文中、敬称略、年齢は新聞記事掲載当時。掲載解禁日は冒頭に表示。

❶難民

ＮＰＯスタッフは「家族」――使命感で支援続ける

2020／1／4

東京メトロ神保町駅に近いビルの4階。ガラス戸を入ると、外国人が談笑する広間の横に、相談室が並ぶ。倉庫にスーツケースを預け、仮眠室で横になったり、インスタントの食事をとったりする姿も。保護を求めて来日した人を助ける認定ＮＰＯ法人、難民支援協会（ＪＡＲ）の事務所だ。「みんな日中は、ここにいられます」。代表理事の石川《いしかわ》えり（43）が説明する。

▼所持金なし

アフリカ出身のフェイス（仮名）が駆け込んできたのは、昨年5月だった。20代の女性。母国で野党の支部役員を務め、軍に逮捕され拷問を受けた。「命の危険を感じた。与党は権力を渡したくないんです」。釈放後、現地でビザを取得しやすかった日本に脱出する。

「地震や台風が多いと、母は心配しました。でも、インターネットで日本の若者が『難民を受け入れよう』と話している動画を目にして」

ネット検索でＪＡＲを見つけ、たどり着いた時には、所持金はほとんど残っていなかった。提供された宿舎に入り、法務省に難民認定を申請。外務省の外郭団体に対して申請中の家賃などの「保護費」（上限月約9万円）を求める手続きも手伝ってもらい、埼玉県のアパートに移る。

ＪＡＲが日本語学校に委託する教育プログラムに通い始めた。就労に必要な最低限の言葉を身に付け、衣料

日本語プログラムでは言葉だけでなく生活習慣も学ぶ。授業の初めに一同であいさつを交わし、ラジオ体操で体をほぐす＝東京都港区のダイキ日本語学院東京（撮影・萩原達也）

品店か化粧品店で働くつもりだ。「毎日、いろんな人と出会いたいから。将来は大学院に進めれば」。心的外傷（トラウマ）を抱えながら、異郷で前を向く。

▼三者面談

30代の男性ワリード（仮名）は同じ日本語プログラムを受講した後、ＪＡＲの紹介で東京の機械関係企業に勤めている。

独裁が続くアフリカの母国から、歩いて国境を越えた。２０１５年に日本に来たものの、言葉や文化、気候の違いから、「精神的、肉体的に深刻な状況」に陥った。翌年、難民と認定され、「ようやく気持ちが落ち着いた」と振り返る。

勤務先では初めての外国人社員。「遅刻は厳禁」「ひげはきれいにそろえて」。細かいルールに戸惑うことも多い。だが、海外事業を任され、新たな市場を切り開くことにやりがいを感じている。「働きながら日本語を学ぶのは大変だけど、もっと勉強して、いつか自分の会社を持ちたい」

そんなワリードを、ＪＡＲのスタッフが付かず離れず見守る。本人、その上司と随時「三者面談」を行い、休暇の取り方など、問題があれば解決方法を相談する。ワリードは言う。

「来日したばかりの難民にとって、ＪＡＲの人たちが果たす役割は大きい。寄り添って、やる気を高めてくれる。私は家族だと思っています」

▼ルワンダ虐殺

石川は高校生の時、アフリカ中部ルワンダで起きた大虐殺と難民発生のニュースを見て、衝撃を受けた。「昨日まで隣人だった人たちが殺し合うなんて」。自分も何か関われないかと、国際人権団体アムネスティ・インターナショナル日本でボランティアを始める。

都心にあるアムネスティの事務所には、トルコの少数民族クルド人らが難民申請の相談に訪れていた。「日本でも、できることがあるんだ」。仲間と共に１９９９年、ＪＡＲを設立した。

２００１年、米中枢同時テロが起きると、法務省は在日アフガニスタン難民申請者を収容所に拘束する。翌年には、中国・瀋陽の日本総領事館に脱北者家族が駆け込んだのに、領事館職員は傍観、家族は中国当局に連行された。石川らはアフガン難民の支援に奔走しつつ、難民認定制度の改善を求め、一部法改正につなげた。

しかし、日本の難民認定率は18年、０・３％に満たない。申請者への公的支援も不十分で、路上生活を強いられることも。日本に見切りをつけ、別の国へ旅立つ人もいる。

政府は外国人労働者の受け入れを拡大する一方、難民申請者については、就労目的の制度乱用が多いとして、審査を厳格化している。在留期間を過ぎた申請者は、収容される例も目立つ。

「未来が見えない中で支援を続けるのはしんどい。最前線のスタッフは疲弊している。でも、私たちがあきらめたら、難民は行き場がないんですから、踏みとどまらなきゃいけない」

ＪＡＲ設立から20年余り。社会の理解は広がってきた。18～19年度の収入約１億６千万円の大半は個人や企業からの寄付金だ。当初は他の団体に間借りしていた事務所も、どんどん拡大。約30人のスタッフが年６００人程度を支援している。

フェイスは日本に知己がほとんどいない。ＪＡＲのスタッフに会うたび、「どう？　困ったことはない？」と声を掛けられる。「そんなことを聞いてくれる人は他に誰もいない」。いつも穏やかなフェイスが、うれしそうにスタッフの顔を見た。

（文・原真）

◎条約で保護義務付け

日本も批准した難民条約は、人種や宗教、政治的意見などを理由に迫害される恐れから、母国を逃れた人を難民と定義、加入国に保護を義務付けている。国連難民高等弁務官事務所によると、２０１８年の世界の難民は国内避難民を含め7千万人を超えた。だが、同年に法務省が難民と認定したのは42人。欧米諸国に比べ2桁も3桁も少ない。

難民認定されると、日本への定住が許可され、半年間の日本語教育などを無料で受けられる。

認定申請者に対しては法務省は従来、申請半年後から就労を許可してきた。しかし、日本で働くために難民申請する外国人が急増しているとして18年、理由のない申請と判断すれば在留も就労も許さない方針に転換した。

②テレビ

希望見いだすため絶望を——自らにカメラを向ける

2020／1／11

「やめなよ、カメラ回すの」「やめろと言ってるだろ！」

報道局に居並ぶデスクから、怒声が飛ぶ。東海テレビ（名古屋市）のドキュメンタリー「さよならテレビ」の一場面。テレビ局が自らにカメラを向けた異色の番組だ。

局の看板である夕方ニュースのキャスターは、思うことを率直に語れず、視聴率不振で降板させられる。制作会社から派遣された若手記者も、ミスを連発し、1年で契約解除に。ベテラン契約記者は「共謀罪」の危険性を指摘する特集を手掛けるが、政府の呼び名通り「テロ等準備罪」と原稿を書き換えられる。

報道現場の実情を赤裸々に写した番組は２０１８年、東海３県だけで放送された。それが、全国の放送関係者の間で賛否両論を巻き起こす。「録画ＤＶＤが密造酒のように広まって」と、プロデューサーの阿武野勝彦《あぶのかつひこ》（61）は苦笑する。番組を再編集して映画版を作り、各地で上映し始めた。

▼社会より会社

「以前はもっと面白いものを作ることに集中できた」。ディレクターの土方宏史《ひじかたこうじ》（43）が、番組を企画した動機を語る。「今は誰が見ても傷つかないようにとか、スポンサーへの配慮とか、いろんなことに気を配らなきゃいけない。働き方改革で効率性も求められる。何でこんなふうになっちゃったのか」

同僚の抵抗に遭いながら、1年7カ月間、撮影を続ける。どんでん返しのようなラストシーンで、画面に登場することもいとわなかった。「自分が思い描いた物語に沿って、取材していく。そんなテレビ的ないやらしさを、僕らも抱えている。それを示さなければ、フェアじゃない」

阿武野が土方の企画に同意したのも、「このままでは、テレビはなくなる」との危機感からだ。

インターネットが急成長して、若年層のテレビ離れが進み、既存メディアは「マスゴミ」と冷笑される。一方、局内では番組を「コンテンツ」と呼ぶようになり、商品として管理する傾向が強まっている。「個人より組織、社会より会社」が優先されるようなテレビには、「さよなら」を言わなければならない――。

「自画像を描いて、きちんと見つめる必要がある。希望を見いだすために、一度絶望するべきだ」。スタッフから「ここまで悪者にならなくても」と悲鳴が上がった番組は、阿武野にとって、テレビへの「裸のラブレター」に他ならなかった。

▼タブーなし

阿武野は長くドキュメンタリーに取り組み、数々の賞に輝いてきた。「ニュースは狩猟型、ドキュメンタリーは農耕型」が持論だ。できる限り予断を排し、作物を育てるように時間をかけて取材を重ね、想定を超える事実を捉えようとする。

特に、山口県光市母子殺害事件の被告弁護団や、死亡事故が相次いだ戸塚ヨットスクールの校長ら、世間から非難される人々を取材することが多い。「右と左の意見の間を取るのではなく、多様な視点を提示するのが大事」「どこかで見たようなドキュメンタリーは作るべきじゃない」と話す。

そのタブーなき姿勢を土方も受け継ぐ。お笑い好きで、ドラマや情報番組の制作に携わった後、記者に転じ、ドキュメンタリーの世界へ。

報道局の自席から立ち上がる阿武野勝彦。壁には映画化したドキュメンタリーのポスターが並ぶ＝名古屋市東区の東海テレビ（撮影・牧野俊樹）

第1作の取材中、阿武野に経過を報告すると、「好きなようにやりなさい。その代わり、変な枠に収まらないように」と言い渡された。「大海原に投げ出されたようで、不安だった。でも、自由に表現するのは面白い。当てにいくバッティングじゃなくて、フルスイングする感じ」

金策に走り回る若者支援ＮＰＯ法人の理事長や、暴力団対策法で窮地に陥る組長を主人公にした番組は、従来のテレビの予定調和を覆した。娯楽的な要素も取り入れ、ドキュメンタリーの新たな可能性を追究している。

▼重大な過ち

そんな東海テレビも、重大な過ちを犯したことがある。11年、情報番組「ぴーかんテレビ」で、岩手県産米のプレゼント当選者を発表した際、「汚染されたお米」「セシウムさん」などとテロップを出した。外部スタッフがふざけて書いたものを、誤って放送したのだ。

「リーマン・ショックの後、経営陣は制作費を圧縮し、外部スタッフの待遇が悪化していた。起こるべくして起こった事件だ」と阿武野。

事件を受けて、東海テレビは利益偏重の経営計画を見直し、「放送の公共性」を第一に掲げた。「とんがったドキュメンタリーを許容せざるを得なくなった。事件がなければ、『さよならテレビ』は放送できなかったかもしれない」

だが、マスメディアが直面する現実は、簡単には変わらない。阿武野は自身の居場所であるテレビを「びっくり箱」に例える。「何が出てくるか分からない。だから目が離せない」。視聴者にそう思ってもらうために、一本一本、熱を込めて作り続ける。

（文・原真）

◎映画化の道開く

テレビをつけている家庭の割合を示す総世帯視聴率は、最も高いゴールデンタイムで１９９０年代まで70％前後だったが、その後は低落傾向で、２０１８年は60・6％（ビデオリサーチ調べ、関東地区）。テレビを持たない1人暮らしの若者も少なくない。地上テレビの広告費も頭打ちだ。

ドキュメンタリーは視聴率が稼げないとして、民放では激減した。放送があってもローカル枠や深夜がほとんど。「村と戦争」「裁判長のお弁当」などの作品で知られる東海テレビは11年、放送地域外でも見てもらおうと、他局に先駆けてドキュメンタリーの劇場公開に乗り出した。果樹と生きる老夫妻を追った「人生フルーツ」は観客動員26万人のヒットに。

③地域おこし

この町が好きだから――大震災で故郷回帰

2020／1／18

越後の山々が紅葉に彩られた昨秋の早朝。水場を飛び立つカモを狙って銃を構えるベテラン猟師に交じり、オレンジ色のベストを着た高橋美佐子《たかはしみさこ》（47）の姿があった。

「青首だ、ほら、そっちに行った」。土砂降りだった雨が上がった青空に、マガモの鮮やかな青緑色が映える。次の瞬間、響く銃声。だが、カモは悠々と飛び去った。「ちょっと遠かったかな」と高橋が首をかしげる。

新潟県十日町市飛渡《とびたり》地区の三《み》ツ山《やま》集落に住んで６年。東京の有名ホテルなどで働き帰郷し、雪深い山あいで猟師になって古民家で民宿を営む。「いつも私どうしようって思い、居る場所を探していたような気がする」と振り返る。

▼限界集落

三ツ山は田植え時期の水を張った棚田に満月が浮かぶ名勝「田毎《たごと》の月」で知られる。集落は１人暮らしの高橋を含め４世帯、住民８人の半分が80歳以上という典型的な限界集落だ。冬は４、５メートルの雪が積もり、家の前にはカモシカやタヌキも。

十日町市中心部で生まれ地元の高校を卒業、作家が執筆で滞在することで知られる東京・神田の「山の上ホテル」で食材や備品の調達などを担当した。14年間勤めて退職し、食材会社で働いた。

転機になったのは２０１１年の東日本大震災だった。帰宅難民になり「こんなところで暮らしていていいん

高橋美佐子が待ちに待った今シーズンの鴨猟解禁日の昨年11月15日。夜明けから、ベテラン猟師たちと山の水場を巡り獲物を追った。この日の獲物は３羽だった＝新潟県十日町市（撮影・藤井保政）

だろうか」と迷う。新潟の輝くようなコメ、濃厚でジューシーなジビエなど、故郷の食材を東京に出そうと思い立つ。

39歳で十日町に戻ったが、住まいを探すうちに貯金は減る一方。「地域おこし協力隊」を知り、応募書類にはホテルと食材会社の経験を書き「将来は民宿をやりたい」と訴えた。飛渡地区のお年寄りたちが作る野菜や米を売る手伝いをした。

新潟県の起業支援プロジェクトに合格、築１００年以上の古民家を譲り受け、16年に民宿「茅屋《かや》や」を開業する。「茅屋」は「かやぶき屋根の家」の方言だ。傍らには、１歳になる猟犬ブリタニースパニエルの「アム」が寄り添う。

▼地産地消

ホテル、食材会社でその魅力に触れたジビエを提供したい。でも外から仕入れたら高い。「だったら自分で捕ろう」と狩猟免許を取った。

初めての猟では、撃てなかった。シカに出合っても「ウルウルする目を見たら引き金が引けない」。同行の先輩猟師からは「猟師がなぜ撃てないんだ」と怒鳴られた。

そして一つの結論にたどり着く。「私たちは動物でも植物でも他の『生』を得て生きている。だから、捕ったらとことん食べ尽くそう」

民宿の食卓に並べるのは、棚田で栽培したコシヒカリ、集落の野菜、手作りのみそ、捕ったカモ、シカ、イノシシ……。地産地消にこだわる。

食肉処理施設の営業許可も取り、十日町市のビジネスコンクールで優勝した賞金で食肉処理所を併設。ジビエ販売を手掛け、現在は人気のカモ肉の9割を都内に卸す。

友人で、同時期に協力隊隊員だった高木千歩《たかぎちほ》（46）は市内でクラフトビール醸造所「妻有《つまり》ビール」を経営している。

「こくのあるクラフトビールとジビエの相性は抜群」と高木。高橋とコラボしたイベントは引っ張りだこ。高木の手帳の週末予定は招かれるイベントで真っ黒だ。

▼孫ターン

高木の両親は十日町の出身だが、テレビ局勤務の父親と転勤生活。住んだことのない両親の故郷に移り住んだ「孫ターン」だ。

東京の大学を卒業しＩＴ関連会社に勤務していた高木の転機も東日本大震災だった。帰宅難民、食品やトイレットペーパーの買い占めを経験。「パニックになると人間ってこんなになっちゃう」ことを痛感した。

震災直後、父親が病気で急逝。生前、実家のある十日町に墓を建てたいと言っていた。「休みには遊びに来て、楽しい記憶がいっぱい。いつか住んでみたいと思っていた。十日町には田んぼも湧き水もある。電気や水が止まっても生きていける。移るんだったら今」

仲間と始めた地産地消のビアレストラン店長をしていた時、県外からの観光客に「新潟のビール、十日町のビールはないの？」と言われ、「悔しくて、じゃあ私が造る」。甲府のクラフトビール醸造所で学び、17年に会社を設立。年約1万2千リットルを生産する。近所のお年寄りが空き瓶をぶら下げて買いに訪れる。

知り合いの農家に原料となるホップ、雪国での生産は難しいとされる麦芽用の小麦、大麦の栽培を依頼、目指すのは「オール地場産ビール」だ。

東京で安定した生活があったのに、どうしてここに？　高橋は「自分が生まれ育った所を何とかしたい」、高木は「受け入れてくれる人たちと一緒に頑張る」と言う。

「この町が好きだから」。異口同音に語った。

（文・遠藤一弥）

◎人口減少と高齢化

人口減少、高齢化が全国で進む。十日町市の場合、2005年に1市3町1村が合併し約6万4千人だった人口は現在約5万2千人。毎年千人ほどが流出する計算だ。

総務省は09年、人材を受け入れて定住を図り、地域力の維持強化を目指す「地域おこし協力隊」を創設。十日町市もいち早く導入した。同市企画政策課によると、多い年度は20人超、19年度は4人を採用し、11人が活動中だ。9割は県外出身者で、3年の任期後も市内に定着した割合は18年度68％強と全国平均の48％を上回り、各地の自治体が視察に訪れている。

今年6月からは2～4週間のお試し制度を導入、さらなる定着を図る。

④原発事故避難

2020/1/25

離れていても、ご近所さん——町内外で交流組織づくり

近くに住んでいなくても「ご近所付き合い」。福島県大熊町の人たちは、そんな交流を続けている。東京電力福島第1原発の地元で、全町民が避難した自治体だ。

昨年11月、同県いわき市で餅つき大会が開かれた。2カ月に1度、「大熊町いわき会」が行う催し。市内に分散して暮らす大熊町民約40人が集まり、自身や家族の話で盛り上がっていた。

人口の99％に当たる１万１８４４人（２０１９年12月現在）が町外で暮らす大熊町。同様の交流組織は県内外に16あり、延べ１１００人以上が参加している。町の復興支援員、佐《さ》藤《とう》亜《あ》紀《き》（37）は、その半数の設立に関わった。「みんなの気持ちが楽になる場なんです」と笑顔を見せる。

▼会いてえ

「本当は、家を新築したいわきの地域に溶け込まないといけないんだけれど、なかなかできなかった」。大熊町いわき会会員の根《ね》本《もと》友《とも》子《こ》（72）は振り返る。

根本の自宅は、原発事故による避難指示が続く帰還困難区域にあった。一帯には、除染した土を30年間保管する中間貯蔵施設の建設が決まった。根本は自宅を解体し、15年、長男が住むいわき市に新たな家を建てた。

多くの町民が町外に自宅を再建し、仮設住宅から出ていった。それぞれが土地を見つけたので、町民で固まって暮らすことにはならなかった。

福島県いわき市内に避難している「大熊町いわき会」の会員たちは２カ月に１度集まっている。この日は餅つきをして旧交を温めた（撮影・堀誠）

「自分の町に住むのとは勝手が違った」と根本。皆が知り合いだった大熊では、いつでも誰かに会える安心感があった。スーパーで立ち話をしたり、家をふらっと訪ねてみたり。町外では、そうはいかない。「町にいたときは『地域』なんて意識してなかったけれど、事故でばらばらになって、大切さが分かった」

町役場にも「町外に住むけど、町の人に会いてえ」との声が届いていた。特に懸念されたのが、高齢者の孤立。職場や学校で新たな人間関係を築ける若い世代と違い、年配の町民は自宅に引きこもりがちだった。対策として町は14年、復興支援員を採用し、町外でのコミュニティーづくりに乗り出した。

▼名前で呼ぶ

15年、佐藤が最初に手掛けた大熊町いわき会が発足した。幹事の坂本《さかもと》一郎《いちろう》（69）は「楽しみができた。会がなければ誰とも会わない人もいただろう」と語る。

やることは、定期的に会って話すだけ。それでも、60～70代を中心に約２００人が入会し、会員は今も少しずつ増えている。気軽に参加できるよう会費は取らず、会場代などは町の補助金で賄う。

原発事故前は互いに知らなかった会員同士も、すぐ打ち解ける。「町民という共通点があるから、初めての人でも話し掛けやすい」と坂本。

原発事故が起きた時、東京都内で事務員として働いていた佐藤は「自分の故郷が被災した」と思った。千葉県出身だが、大熊町に隣接する双葉町に祖父母が住んでいた。子どもの頃は長期休みのたびに通った。

当初は首都圏でできることを探したものの、見つからないまま3年が過ぎた。「やっぱり現地に行かなきゃ」。決心した頃に、復興支援員の求人を目にした。

同様の仕事を担う支援員は最も多い時に8人いたが、今は1人だけ。佐藤には、この仕事が合っていた。親ほど年の離れた町民を、名字ではなく名前で呼ぶ。「友ちゃん」と言われる根本は「人懐っこくて、初対面からこう。『困ったら助けてね』と頼ってくるから、憎めないのよ」。コミュニティーづくりなど全くの素人ながら、佐藤は人柄で町民の信頼を得た。

足掛かりにしたのは、餅つきやバーベキューなどのイベントだ。町の広報紙で周知し、いわき市内に点在する町民を集め、協力してくれる人を増やしていった。

▼指示解除

昨年4月、町の避難指示が初めて一部解除された。ＪＲ常磐線の大野駅周辺をはじめ、かつての中心部は帰還困難区域のままで、田畑が広がっていた町南西部の大川原地区に役場や災害公営住宅が新築された。帰還した町民や、廃炉作業に携わる東京電力の社員ら、約７００人が暮らす。この新しい「町」が、佐藤の仕事場になった。

17年に町の男性と結婚し、大川原地区に住む。同地区でも、交流のきっかけにしているのはイベントで、東電の社員も運営に参加。「遠慮していたら、きりがない」。加害企業の負い目から、関与をためらう社員の背中を、佐藤が押した。昨年9月の盆踊りでは、皆で一つの輪をつくった。

目指すのは、戻った町民も、戻らない町民も、東電の社員も入るコミュニティーだ。「町に住んでいるかどうかとかで、分断をつくりたくない。いつか大川原を『ここに来れば誰かに会える』とみんなが思える場所にしたい」

（文・西村曜）

◎全国に４万人超

福島県によると、原発事故で避難指示が出された区域は最大時約１１５０平方キロメートルだったが、現在は３４０平方キロメートルにまで縮小された。しかし、まだ４万１４２９人（２０１９年12月現在）が全国各地で避難生活を送っている。この数字には、避難先の自治体で自宅を再建した根本や坂本のような県民は含まれていない。

事故から約9年がたち、避難先で仕事を見つけるなど生活基盤を築いた人が多い。大熊町が昨年3月に公表した町民アンケートでは、町に「戻りたい」と答えたのはわずか14%。過半数の55%が「戻らないと決めている」で、28%が「判断がつかない」との回答だった。

希望抱くあたたかな場――性暴力の撲滅願う

2020／2／1

赤、オレンジ、ピンク、薄紫……。2019年12月11日午後7時すぎ、日が落ちて薄暗いJR高崎駅（群馬県高崎市）近くの一角が、色とりどりに染まってゆく。花を持ち、性暴力撲滅を訴える「フラワーデモ」の参加者が集まってきた。

デモと名付けられてはいるが、シュプレヒコールは上がらない。行進もしない。昨春に性犯罪に関する無罪判決が4件相次いだことをきっかけに東京と大阪で始まり、全国30カ所以上に広がった。高崎でも昨年9月から続いている。

会社員の田嶋《たじま》みづき（33）が地元の高崎でデモを呼び掛けたのは、自身の性暴力被害経験に基づく。この日もマイクを握り、震える声で訴えた。

「この瞬間も私と同じように苦しみと絶望の中にいて、助けを求めたいのに求められない人も、死を選ぶ人もいる。そのことを思うと私は、声を上げずにはいられない」

参加した約50人は、じっと聞き入った。通りがかったサラリーマン風の男性や、部活帰りだろうか、大きなスポーツバッグを抱えた女子学生数人も足を止めた。みづきは彼らにも語りかけるように言葉を継いだ。「性暴力のない社会をつくりたい。私1人でできることではない。多くの人の理解や協力が必要です」

▼なかったことに

みづきはこれまで3度、性被害に遭った。最初は高校生の時。駆けつけた男性警察官に「あなたも悪いよね」と言われた。加害者は知人で、当時の恋人からは浮気を疑われ「被害者ヅラするな」と切り捨てられた。2度目、3度目は見知らぬ人から。警察に相談したが、面倒くさそうな態度をとられたり、「捜査では何度も当時のことを聞く」と言われたりしたため、うんざりして被害届は出せなかった。

被害に遭っても責められ、無視される。みづきは口をつぐんだ。「なかったこと」にした。

10年以上、心の底に抑え込んでいた思いが噴き出したのは昨年初め。きっかけはささいなことだ。仕事がうまくいかず、いらだちを感じた。幼い娘たちが体調を崩し、看病に追われたことも負担だったかもしれない。「抑えつけてきた自分がクーデターを起こしたみたい」。被害の様子がフラッシュバックして、涙が止まらない。家事も育児も手に付かず、仕事も休んだ。「なんで私ばっかり何度も被害に遭うの！」と、行き場のない怒りを夫の宏基《こうき》（31）にぶつけた。

▼沈黙を強いる

フラワーデモのことを新聞で知ったのは、まだ体調が優れなかった頃だ。性暴力に怒りの声を上げる人たちの記事を目で追いながら、思いがこみ上げてきた。「被害者に『あなたも悪い』と言うのは間違ってる。そう私も言っていいんだ」。高崎でもデモを開くことを模索し始めた。娘たちも安心して暮らせる世の中にするには今、動くしかないと思った。

「いいじゃん」。何度となく衝突してきた宏基は、デモの開催を後押しした。宏基はみづきの知らないところ

「フラワーデモ」で性被害を告発する「#MeToo」などが書かれたプラカードを掲げる参加者＝群馬県高崎市（撮影・堀誠）

で、性暴力被害や心的外傷後ストレス障害（PTSD）に関する本を読み、勉強していた。前を向き始めたみづきを見て「自分も何かできないか」と考えていた。

しかし、賛同する人ばかりではなかった。知人男性に打ち明けると「デモは攻撃的な人が集まる。してほしくない」と反対された。別の男性からも「性被害のことを話すなんて、自己憐憫《れんびん》だね」と心ない言葉を掛けられた。さらに、心をかき乱される反応も。開催の告知をツイッターに投稿すると、匿名アカウントから「売国奴」「デモをやってる場合か」など、嫌がらせが殺到した。

「これが、保守的な街で女性が声を上げる難しさか」。みづきはため息をつく。再び沈黙を押しつけられるようで、悔しかった。デモを安全に行えるか不安になっていたところ、宏基が「デモに参加して見守る」と申し出てくれた。

▼男性も参加

迎えた昨年９月、高崎初のデモ。みづきは約40人の前でマイクを握った。言葉に詰まっても、この場なら支えてもらえる。そんなあたたかさがあった。聞いてもらって「１人で抱えていた重い荷物を、一緒に持ってもらった」と感じられた。

デモには男性も集い、花を手にして訴える。昨年12月は男性５人がスピーチした。友人が性被害に遭ったという男性は当時のショックを「自分の大切な部分がなくなったよう」と振り返り、「性被害は身近なところで起きている。自分事として考えて」と訴えた。宏基もガーベラの花を持って加わった。「花言葉は『希望』。このデモをやる意味ですよね」

みづきが手にしたのはピンクのガーベラ。娘たちが好きな色だ。「被害者がみな語るべきだとは思わないが、私はここで話すことで初めて希望が見えてきた。こんな輪をどんどん広げたい」

（文・小川美沙）

◎花を持って集まる

性暴力を告発する動き「＃ＭｅＴｏｏ」が世界的に広がる中で、日本では２０１９年3月、19歳の娘に対する実父の性的虐待など性暴力の無罪判決が４件相次ぎ、多くの人に衝撃を与えた。これらの判決に抗議し、性暴力撲滅を訴えようと、作家の北原《きたはら》みのりさんらが呼び掛け、昨年４月に始めたのがフラワーデモだ。

被害を訴える人に「あなたの話を聞く」と寄り添う気持ちを表すため、参加者は花を持って集まる。原則として毎月11日に開催し、今年１月には34都道府県37都市で実施。同月までの参加人数は延べ約８千人に上る。

ウエートレスは81歳——ついのすみかで生きがい

一見するとしゃれたマンションのような3階建てには、さまざまな人が出入りする。高齢者、そこで働く若者、ランチを楽しむママ友、小銭を握りしめた子どもたち……。それぞれの日常にとって大切な場所となっている。

千葉県船橋市の住宅地で昨年5月にオープンしたサービス付き高齢者向け住宅（サ高住）の「銀木犀《ぎんもくせい》　船橋《ふなばし》夏《なつ》見《み》」。個室と2人部屋があり、定員は計63人。主に、足腰や認知機能の衰え、持病などで自宅での生活が難しくなった要介護、要支援の60歳以上がついのすみかとして入居している。

その1階の一角に、高齢者住宅にしては趣のやや異なるスポットがある。一般向けのレストランと駄菓子屋だ。

▼体が覚えている

「お待たせいたしました」「ごはんのおかわりです」

木目と白を基調に落ち着きと清潔感ある店内。孫のようなスタッフに交じって「みえちゃん」こと81歳の竹《たけ》石《いし》美江子《みえこ》（仮名）が、スピーディーとは言えないまでも、かいがいしく客席を回る。

店の名は「恋する豚研究所」、通称「恋豚」。看板メニューは豚のしゃぶしゃぶ定食だ。県内にある人気店のフランチャイズで、本店を運営する社会福祉法人の障害者雇用などにほれ込んだオーナーの下河原《しもがわら》忠道《ただみち》（48）が頼み込み、のれん分けを許された。

竹石は銀木犀の住人だ。週に3回、デイサービスと重ならない日に時給９３０円の有償ボランティアとしてシフトに入る。午前9時半から開店前の掃除や仕込み、11時からのランチタイムではウエートレス役も。後片付けまで5時間ほど働く。

かつて老人ホームの給食室にいた経験もあり、「体が覚えているんでしょうね。包丁の扱いは見事です」と店長の稲村響《いなむらきょう》（24）は太鼓判を押す。

「お客さまに『いらっしゃいませ』と声を掛けるのが楽しくて。次にお仕事に入る日が待ち遠しい」と言って少女のようにはにかむ竹石。生きがいを見いだしたようで、入居当初に見せていた帰宅願望はうせたという。

恋豚では他に数人の入居者が、薬味の盛り付けなど裏方で働いている。

▼責任と自覚

下河原は、千葉県内を中心に銀木犀のサ高住10カ所とグループホーム2カ所を運営する「シルバーウッド」の社長。「役割があるとお年寄りはみんな生き生きしてくるんです」として、入居者に仕事も提供し始めた。

発想の原点は「暇なんだけど、何かやることない？」と言ってくる入居者が多いことだった。だが簡単な掃除などの手伝いでは中途半端だ。それなら仕事の形で責任と自覚を持ってもらうのも高齢者の日常にプラスになると判断した。

「お金のためというよりも、人とコミュニケーションして社会とつながっていると感じたり、出会いが生まれたり。定期的に体を動かすのもいい」と強調する。

稲村も「若干の心配はあったが、たとえ失敗してもフォローするのが私たちの仕事だと考えた。何より本人

若いスタッフとそろいのコスチュームでレストラン内をサービスして回る竹石美江子（仮名）。ほとんどの客は、併設する高齢者住宅の入居者であることを知らない＝千葉県船橋市の「恋する豚研究所」（撮影・牧野俊樹）

が望むことをやらせたかった」と話す。福祉系大学を出て介護職として入社したが、そんなホスピタリティー能力に白羽の矢が立ち恋豚の店長に抜てきされた。

竹石も繁忙時の接客に戸惑いを見せることがあるが、スタッフが常に目配りをしながら懇切にサポートする。フットワークや判断力に欠けていても、ミスをして本人に嫌な思いをさせない合理的な配慮。それが銀木犀の入居者雇用の基本だ。

▼希望者が店番

午後3時をすぎると、空き時間の入居者用食堂やロビーがにぎやかになる。放課後の小学生が次々にやってくるのだ。

玄関にしつらえた「だがしや」で、一つ10～50円のおやつを買う子が多い。手提げ金庫を前に待ち構える店番は、希望する入居者の輪番制だ。たまにお釣りの計算が混乱するのもご愛嬌《あいきょう》、子どもが丁寧に検算してくれる。

好きな席に着いてお菓子をつまみながら、並んで宿題の漢字ドリルを開いておしゃべりに興じる女子。顔を寄せ合いポータブルゲームの戦果に歓声を上げる男子。

親子連れもいる。「よく来ます。交流の場にもなってありがたい」と乳飲み子を抱きながら言う若い母親の傍らで、スナック菓子をほおばる幼い女の子。店番の老婦人が３人を優しく見やりながら、自らの子育て経験を問わず語りに話しだす。

銀木犀が目指すは地域の「サードプレイス」だ。子どもなら学校でも自宅でもない心地よい拠点。大人にとっては気軽に利用できる共有スペース。近隣の人に参加してもらうお祭りなどのイベントも随時開催している。

「高齢者住宅に入るというだけで持たれがちなネガティブなイメージは、社会とのつながりや人の役に立つことで和らぐ」と下河原。こうした触れ合いは、入居者や家族にも安らぎをもたらしている。

（文・佐久間護）

◎登録増で25万戸

サ高住は、高齢者が生活支援サービスや生活相談、安否確認を受けられるバリアフリー賃貸住宅だ。２０１１年改正の高齢者住まい法に定められ、右肩上がりに増加。19年12月時点で約７５００棟、約25万戸が登録されている。

介護サービスの事業所を併設するケースも多いが、基本的に民間賃貸住宅であり、特別養護老人ホーム（特養）などの公的施設とは一線を画す。

費用負担方式は終身の居住を前提とした前払いと通常の賃貸住宅と同じ月払いがある。月払いは、家賃や光熱費、管理費などを含む月額利用料、介護サービスを受ける場合の介護保険料などを含め、相場は月額約10万～30万円とされる。他に初期費用として礼金・敷金がかかる。

❼恐竜化石

地中からの伝言感じて――カムイサウルス発見

2020／2／15

北海道むかわ町穂別地区は粉雪が舞っていた。昨年12月、町民センターで開かれた小学生向け公開講座。講師は北海道大総合博物館教授の小林快次《こばやしよしつぐ》（48）が務める。テーマは「カムイサウルス（むかわ竜）のすべて」。

小林は「格好いい名前でしょう。カムイはアイヌ語で神という意味です」と語りかける。体長約8メートル。国内最大の恐竜の全身骨格化石は、この町に埋まっていた。「世界に誇れる歴史的発見」と熱が入る。

恐竜化石研究のためアラスカやモンゴルに足を運ぶ。新種を次々と発見する観察力から「ハヤブサの目を持つ男」と呼ばれる。その小林が一目置く存在が、カムイサウルス化石の第1発見者、堀《ほり》田《た》良幸《よしゆき》（69）だ。「化石探しのプロ。地層のかすかな変化も見逃さない」

▼ワニ？

穂別は「アンモナイト化石の産地」として昔から知られる。堀田も子どもの頃から化石好きだ。発掘したアンモナイト類の化石は約3万点。100キロ超の化石を背負い自宅そばの倉庫に運んだこともある。

恐竜化石の発見は2003年4月にさかのぼる。50歳の時だった。勤め先の郵便局の前で転倒し、首を強打。半年間の入院を余儀なくされる。退院後、リハビリで雪の残る林道を散歩していた。

療養中と分かっていても「化石ハンター」の血が騒ぐ。山の斜面を1時間、目を凝らした。雪が解けたノジュール（化石を含む固い岩石）が茶色になっている。「ワニかな」と思った。独学で周辺の地層や年代を色分

「化石ハンター」堀田良幸の自宅倉庫。自ら採集したアンモナイトの化石に囲まれて居心地が良さそうだ＝北海道むかわ町（撮影・藤井保政）

けした地図を作製しており、現場は白亜紀後期（７２００万年前）に海だった所と分かっていた。

穂別博物館の館長桜井和彦《さくらいかずひこ》（53）に連絡し、現場から掘り出して寄贈した。桜井は過去に発見例のある大型爬虫類《はちゅうるい》の化石と判断し、倉庫に収納。小林の鑑定で恐竜化石と断定されるまで、８年の月日を要した。「寄贈したのを忘れていた」と堀田も驚くことになる。

化石は草食のハドロサウルス科恐竜のしっぽの部分。付近一帯の大規模発掘調査で全身骨格の８割、２２２個の化石が見つかる。発掘現場は海岸から１０キロの沖合に当たる。博物館の学芸員西村《にしむら》智弘《ともひろ》（41）は「陸上で死んだ恐竜が津波や洪水で海に流され、海底に埋まった」と推測する。

▼火の車

一躍、堀田は時の人に。鋭い観察眼と愚直さが必要な化石収集の魅力について「地中からのメッセージがある。恐竜から呼ばれて現場に行ったような気分」と顔をほころばせる。化石が見つかった山は、堀田のホームグラウンドであり、恐竜が眠る「墓」でもあった。

「研究者や岩石から化石を取り出して磨く人……。誰一人欠けても、全身骨格は発見できなかった。自分の成果ではない」と謙遜する。

辛抱強さと相手をいたわる思い。それは幼い頃の家庭環境で培われた。穂別の山あいの生まれ。7人きょうだいの6番目。父は戦前、古物商を営んだが、戦後に酒におぼれる。酔っては鎌を持って母に手を上げた。止めようとした堀田の腕や足には今も傷痕が残る。

でも母は一切、父の悪口を言わなかった。「泥棒や人をあやめる人も、心《しん》から悪い人はいない。どんな人にも、良くしておくれ」。母の言葉は堀田の心の琴線に触れた。

家で13頭の牛と3頭の馬を飼っていた。土砂降りの雨の日も、いてつく雪の日の早朝も母は牛の乳を搾って40キロの容器を背負う。町の中心部まで約8キロの道を売りに行った。その背中を見て堀田は育つ。「日本一のかあちゃん。俺の財産だ」

無理がたたったのか。母と姉が病気で倒れ、家計は火の車に。他のきょうだいも次々に家を出た。母の入院費と生活のために中学1年から郵便局や建設作業員のアルバイトに精を出し、糊口《ここう》をしのぐ。「米を食べたのは中3の時。それまでは麦やキビを食べていた」と堀田は回想する。

▼復興

通信教育で勉強し、国家公務員試験に合格。郵便局に33年間勤める。趣味の化石を保険契約の粗品として客に配って喜ばれたこともある。

その間、何度も病魔に襲われる。転倒の首の後遺症以外に、盲腸手術の麻酔ミスで、6カ月入院。病気が重なり、早期退職した。今は自宅で暮らす。心臓も悪いせいか、目まいがひどい。床に伏す日々が増えた。でも

「雪が消えたら、化石探しにいきたい」

18年の北海道胆振東部地震で町の住宅の約9割が全壊や一部損壊などに。堀田の自宅も被害に遭う。復興優先のため、カムイサウルス全身骨格を展示する新博物館建設計画は保留状態になっている。

「恐竜化石で町を訪れる人が増え、復興につながればいいなあ」。自宅のまきストーブが赤々と燃える。心地よいぬくもり。堀田は壁に掛けてある母と父の遺影に向かい、そっと手を合わせた。

（文・志田勉）

◎謎が多いことに魅力

恐竜化石は人の目をくぎ付けにする。昨年、国立科学博物館（東京）で開催された「恐竜博2019」は約67万人の親子連れらで盛況だった。

カムイサウルスの化石が見つかった北海道でも子どもに人気がある。「遺伝的特徴は何ですか」。むかわ町穂別で開かれた小林快次北海道大教授の公開講座で、小学生から大人顔負けの質問が次々に寄せられた。関心の高さがうかがえる。

小林教授は「恐竜の魅力は謎が多いこと。一つの発見で生活様式や繁殖方法が新たに分かる」と未知の世界の魅力を強調。「サイエンスの知識を学ぶ楽しさを知ってもらい、将来の人生に生かしてほしい」と話している。

⑧津波被災地

高齢者の孤立を防ぐ――区画整理後に店や体操教室

2020／2／22

宮城県石巻市門脇《かどのわき》地区の災害公営住宅前にある食料品店「まねきショップ」。常連客の大山泰三《おおやまたいぞう》（67）が扉を開けると、オーナーの本間英一《ほんまえいいち》（70）が笑顔で迎えた。

２０１６年にオープンした地区唯一の商店だ。「公営住宅に暮らすお年寄りが買い物に困らないように」。私財を投じた本間は、東日本大震災後にできた「かどのわき町内会」の会長も務める。

大山は公営住宅で１人暮らし。話し相手を求めてほぼ毎日、店を訪れる。「１人では寂しくて落ち込みがち。ここはいろんな人と話せて良いね」

店の隣には、あの日の津波に奇跡的に耐えた土蔵が残る。回船問屋や醸造業を営んでいた本間の先祖が明治期に建てたもので、街の歴史を物語っている。

▼赤い夜空

11年3月11日。本間は地震発生直後、津波に備え、経営するテニスコートの事務所に家族らと避難していた。約1時間後、バリバリと家が壊れるごう音が響いた。「津波だ」。コートの裏山の階段を駆け上がった。

眼下では、黒い水が住宅街をのみ込み、炎上する家屋やがれきを押し流す。その夜、避難した中学校の教室から外を見ると、街がある方角の空は真っ赤に染まっていた。

海沿いでは、ほとんどの家が流失し、電気や水道も途絶えた。本間も土蔵以外の全てを失い、被害を免れた近所の家に身を寄せる。約７４０世帯が住んでいたが、翌日地区に戻ったのは7世帯のみ。多数の住民が犠牲になった。がれきだらけの街でボランティアの支援を受けながら、食料を分け合い、生活を共にした。

翌年、本間はテニスコートの駐車場に自宅を再建した。その頃には24世帯が地区で生活しており、住民のつながりを紡ぐ組織として「まねきコミュニティー」を立ち上げた。周辺は江戸期、仙台藩の米の積み出し地として栄え、山の中腹から船に航路を示す役職を「マネキ」と呼んでいた。「街に人を招く」との意味も重ねて名付けた。

プレハブ小屋を活動拠点に、高齢者向けの体操教室や芋煮会などに取り組んだ。

▼空き地

地区では震災後、津波に対する堤防の機能も担う、盛り土した道路の建設が進む。道路を挟み、港に面する南側は人が住めないエリアに指定。北側で土地の区画整理が行われ、マンション型の公営住宅４棟と一戸建て住宅用の宅地が完成した。

だが震災から9年たっても、周辺には空き地や復興工事関連の仮設事務所が目立つ。宅地造成の遅れなどから、転出せざるを得なかった住民も少なくない。地区には現在、約２２０世帯が暮らす。うち約１４０世帯の公営住宅入居者は、高齢の単独世帯や夫婦世帯が多く、孤立や孤独死の防止が課題だ。

まちづくりが新たな局面を迎え、本間らはまねきコミュニティーを、かどのわき町内会に改組した。週１回、体操教室や陶芸教室などのレクリエーションを続ける。町内会活動を担うのは高齢の住民だ。子育て世代にも参加してもらおうと、子どもの交流を目的とした「育成会」を立ち上げ、夏休みのラジオ体操やバーベキューを始めた。

宮城県石巻市の「まねきショップ」で利用客の近隣住民と話す本間英一（右）。店は人を招く交流の場となっている（撮影・尾形祐介）

子どもの大半も公営住宅で暮らす。民生委員の遠《えん》藤《どう》佳子《よしこ》(66)は「子どもたちをだしにして、何とか親を引っ張りだそうとしているところです」と笑う。

▼道を開く

まねきショップでは日中、本間の妻信子《のぶこ》(68)と次男の妻美奈子《みなこ》(37)が店に立つ。店頭に並ぶケーキや総菜、喫茶スペースで提供する軽食は2人のお手製だ。

本間は「買い物客は車を持っていないお年寄りが中心。荷物が重ければ、うちの奥さんが自宅まで届け、ついでに家庭ごみを収集所へ運ぶこともある」と話す。体操教室の日は高齢者を家まで迎えに行く。「やってあげないと、できないので。単なる手伝いです」と本間が言えば、「おせっかいなんです」と信子。

店が建つのは、先祖から受け継いだ広大な敷地の一角だ。震災前は、みそやしょうゆを貯蔵する蔵などが並んでいた。本間自身は大学で水産を学び、憧れだった船乗りとして世界を航海。30歳で地元に戻り、テニスコートの経営を始めた。家業の醸造は廃業しており、商売の経験はなかったが、「せっかくある土地を使って、地域に貢献したい」と、知人から助言を得て開店にこぎ着けた。

店には現在、被災地の視察などで県外や海外からも人々が訪れる。本間が被災体験や街の歴史について話すこともある。手探りで始めた店は、その名の通り、人を招く交流の場となった。

東北ゆかりの詩人、高村光太郎《たかむらこうたろう》の詩の一節「僕の前に道はない／僕の後ろに道は出来る」を引き合いに、本間が言う。「先がどうなるかは分からない。小さなことでもいいから、今できることを始めて、切り開いていくしかない」

（文・岩切希）

◎コミュニティー形成が課題

東日本大震災の被災者向けの災害公営住宅は、計画された約3万戸のほぼ全てが完成した。高台移転や区画整理による宅地整備もおおむね終了し、コミュニティーづくりが課題になっている。

宮城県は２０１５年度から、祭りやお茶会など、自治会がコミュニティー形成のために行う活動の費用を補助する制度を始めた。交付3年目までは県が全額を負担し、4年目以降は補助率を段階的に縮小する。19年度に補助対象となったのは２０３団体で、申請数は増加傾向にある。

一方、内閣府によると、岩手、宮城、福島3県のプレハブ仮設住宅への入居数は２０２０年1月現在、３７８戸に上る。

⑨災害ボランティア

暴力団から被災地救援へ――「罪滅ぼし」に生きる

2020／3／3

定時制高校を中退して暴力団員になった男性が改心し、災害ボランティア団体の代表として全国の被災地を奔走している。「コミサポひろしま」を率いる広島県呉市出身の小玉幸浩《こだまゆきひろ》(52)。幾度も刑務所に入った小玉が「やくざの世界から足を洗った」のは40歳の目前だった。これからは「人のために生きよう」。難病の若者と出会い、３年間にわたり介護した。不自由な体で懸命に生き抜いた若者の姿が、小玉の生きる現場を変えた。

▼刑務所に6年

「本当にありがとう。助かったよ」。この冬、千葉県南部・鋸南町《きょなんまち》の勝山《かつやま》港に面した築50年近くの家屋で、家主の高齢男性が涙を浮かべた。生まれつき足が不自由で生活保護で暮らす。

鋸南町は２０１９年9月の台風15号で甚大な被害に遭った。だが、その後の台風19号で東日本各地が被災すると、ボランティアが激減する。男性の家は、ブルーシートが5回も吹き飛んだ。小玉は今も、ヘルメットに地下足袋姿で各集落を回り、丈夫なシルバーシートに張り替えている。

小玉は中学時代、野球部でポジションは二塁手だった。「野球の推薦枠で入学できると思っていた高校から届いた通知は、予期せぬ不合格。素行の悪さで内申書が悪かったから」。定時制高校に通い、最終学年の４年生になる直前、暴力団員となっていた中学校の先輩から勧誘を受ける。

「菅原文太さん主演の映画『仁義なき戦い』が好きで。格好いいなと憧れて」。映画のモデルは地元の呉市を

台風で壊れた民家の屋根にシートを張る小玉幸浩。この日は冷たい海からの風が吹く中、黙々と作業を進めた＝千葉県鋸南町（撮影・堀誠）

本拠地とした「美能《みの》組」。勧誘されたのは、その傘下の団体だった。小玉は18歳で暴力団員となり、全身に入れ墨を彫った。兄貴分の女性との関係を疑われるなどして、左手の小指と薬指は第1関節から先を切り落としている。

　恐喝、覚醒剤――。前科は「数え切れない」。刑務所暮らしは4回、通算6年に及ぶ。「世間の嫌われ者。殺人や重罪以外はほぼ手を染めた」。転機は06年だった。刑務所から出た後「信頼していた兄貴分との関係が悪化し、嫌気が差した。脱退を申し出ると、私の『破門状』が回った」。

▼一心同体の介護

　その後、人生をやり直そうと、広島市のハローワークへ足を運ぶ。「働きながら資格を取りませんか？」。見つけた仕事は介護職だった。

　介護施設からの派遣で担当した男性が、小玉の人生を転換させる。難病、筋ジストロフィーの佐田尾《さたお》俊輔《しゅんすけ》。首と指先しか動かせなかったが、電動車いすサッカーチームに所属していた。小玉は日常生活を手助けした。

「全身の入れ墨で驚かせないよう、最初のころは服を着て一緒に入浴していた。仲良くなって自分の過去を話してからは、私も裸に」

佐田尾のチームは全国大会への出場を果たす。「一緒に付いてきて」。小玉は佐田尾にそう頼まれて、広島から東京へ付き添った。

一心同体のような生活を重ねて3年。佐田尾は14年7月に、33年の人生を閉じる。チーム紹介のホームページで、佐田尾が1年後の自分に残した言葉は「生きて……るよね？」だった。

「彼は精いっぱい生き抜いた。自分は一体何してきたんだ。世間に迷惑を掛けてきただけじゃないか」

▼仲間と全国を走る

佐田尾の死からちょうど1カ月後、広島土砂災害が起きた。最後に刑務所に入る直前まで付き合っていた看護師の女性が、非番の時にボランティア活動をしていたという話を思い出した。

現場へ行くと、他県からも大勢のボランティアが汚泥のかき出しで汗を流している。小玉も活動に参加して「全国どこへでも急行できるボランティア団体を立ち上げたい」との思いが湧く。

その夏、仲間と一緒に「コミサポひろしま」を発足させた。現在のメンバーは約10人。職業は幼稚園の園長、設備業、主婦、会社員と多彩で、小玉だけが常勤で災害に備える。重機の運転免許も取得した。

翌年には関東・東北豪雨で浸水被害が大きかった茨城県常総《じょうそう》市へ。16年には熊本地震と鳥取中部地震、17年は九州北部豪雨の被災現場へ車を走らせ、仲間と土砂の撤去などの支援を重ねた。

小玉は活動を会員制交流サイト（SNS）で発信している。活動内容によっては、日本財団や赤い羽根共同募金から助成金を受けられるようになった。「ボランティアに必要な資材やガソリン代、私の食費くらいは賄える。足りない分は寄付金で補っている」

小玉は今の生き方を「罪滅ぼし」だと言う。若い頃に離婚したが、長女と孫が活動を応援してくれる。ボランティアの合間、広島市で保育園に通う孫とビデオ通話するのが楽しみ。「じいじ〜」。その画面を見つめる小玉の顔に過去の面影はない。

（文・久江雅彦）

◎生活支援で活動

災害ボランティアは、消防、警察などが被災地でカバーし切れない生活支援の分野で活動している。食料や水、装備の持参など自己責任・自己完結が原則。1995年の阪神大震災で、発生後から1年間で延べ138万人が救援活動に参加して「ボランティア元年」と呼ばれた。

当初はボランティアと支援のニーズをつなぐ仕組みがなく混乱した。現在は、社会福祉協議会などで開設する災害ボランティアセンターが、支援を求める被災者とボランティア志願者を結んでいる。人口減少や広域合併により、自治体の力は低下。ボランティアやNPO法人の力に頼らざるを得ない状況だ。

⑩芸術家アパート　2020／3／7

田舎を面白い場所に——移り住んで作品づくり

「湯のまち」として名高い大分県別府市の中心部。戦後間もなく建てられた木造2階の「清島アパート」には、各地から集まった8組のアーティストが暮らす。

画家、染色家、音楽家……。それぞれ居室とアトリエを与えられ、台所などは共用だ。風呂無しで、家賃は月1万円。互いに刺激を受けながら制作に励む。「アーティスト・イン・レジデンス（AIR）」と呼ばれる取り組みである。

▼裸の付き合い

入居者の一人、大阪出身の勝正光《かつまさみつ》（38）は２００９年、東京から移り住んだ。鉛筆で緻密な絵を描き、若くして都内の芸術祭で入賞したこともある。だが、「アトリエと展示室を往復するだけの孤独な暮らし」に閉塞《へいそく》感を抱き、別府へ。

「温泉を中心にした独特のコミュニティー」に魅力を感じた。源泉数、湧出量とも日本一の別府は、至る所に共同浴場が存在する。社会的地位は関係ない、文字通りの「裸の付き合い」を勝も楽しんでいる。

東京では展覧会用の絵ばかり制作していたが、別府に来てから肖像画を手掛けるように。デパートや酒店に出向き、これまで千人近くを描いて、交流が広がった。「美術は美術館だけのものではない」。アートをやっている人とやっていない人を分けない環境に、創作の喜びを見いだした。

アパートを運営するのはＮＰＯ法人「ベップ・プロジェクト」。世界を飛び回っていた現代美術家の山出淳也《やまいでじゅんや》（49）が05年に設立した。『田舎だから面白いことがない』と不満を言う時間があれば、体験したいことを企画すればいい」と語る。

山出は20代から、ニューヨーク、ベルリン、パリなどにＡＩＲで招かれた。しかし、作品自体が評価されたというより、黄色人種のアーティストが足りないから呼ばれたと感じたことも。西洋が中心で、アジアは周縁として扱われる美術界に疑問が募った。

▼ボランティア

そんな時、インターネットで、別府の路地裏散策についての記事を目にした。ガイドするのはボランティアの地元住民。自分たちで街の魅力を伝えようとする姿勢に、感銘を受けた。

大分市で生まれ育った山出にとって、隣の別府はネオンや色気にあふれる「怖いけど、いつか戻ってきたい街」。記事を読んで、見知らぬおばさんがポケットに花を差してくれた小学生時代の記憶がよみがえった。

「アーティストが別府を見たら、どんな作品ができるだろうか。あの街で芸術祭を開きたい」

帰国して、別府の商店街はシャッターが閉まり、人通りが減っているのに愕然《がくぜん》とした。それでも、美術だけでなくダンスや音楽も紹介する芸術祭「混浴温泉世界」を09年に開催。2カ月間に約9万2千人が訪れた。中でも、清島アパートに滞在し、仕上げた作品を展示するのが人気で、１００人を超すアーティストが参加した。

当初はアパートを貸すのを渋っていた大家も、若者が夢を語り合う様子に感動して、「アーティストが帰ってくる場所を守り続けてほしい」と山出に依頼。ＡＩＲの恒久的な拠点となった。

清島アパートの自室で制作を続ける勝正光。鉛筆で緻密な絵を描く＝大分県別府市（撮影・牧野俊樹）

▼温泉に絵

清島アパートを出た後も、別府に住み着いているアーティストは多い。幼稚園で美術を教えたり、短期滞在が可能な新しいＡＩＲを始めたり。

アパート近くの共同浴場「梅園温泉」には、アパート在住の画家・安河内《やすこうち》彩香《あやか》（29）の絵が飾られている。熊本地震で被災し再建する際、同温泉組合代表の平野《ひらの》芳弘《よしひろ》（68）が、知り合いの安河内に制作を頼んだ。

「『こういう作品が欲しい』と気軽にやりとりできるのがいい。若いアーティストが街に来ると、応援したい気持ちになる」と平野。安河内も「制作する機会をいただけて、絵で人を喜ばせられるのがうれしい」と話す。

芸術祭は16年以降、1人のアーティストを特集する形に変わった。「一度にたくさんの人に来てもらうより、別府を何度も訪れるファンを増やしたい」と山出。観光情報を掲載するフリーペーパーを発行し、特産品を販売する地域商社を立ち上げるなど、プロジェクトは活動を広げる。

アートで地域が活性化した実績を踏まえ、別府市も15年に策定した市総合戦略で「芸術があふれるまちづくり」を掲げ、後押ししている。プロジェクトが招いたアーティストが、市役所を舞台に作品を発表したことも。

ただ、山出は「今はまだ入り口。アートというものが世の中にあるんだと知られた段階だ」と語る。この地域で、こんな面白いことができる。一人一人がそう感じて、可能性を追求していく――。そんな街にしたい。

「30年後、別府で作品を展示するアーティストが『生まれた時から、芸術祭があるのが当たり前だった』と言ってくれるまで、頑張りたい」

（文・品川絵里）

◎各地に広まるＡＩＲ

アーティスト・イン・レジデンス（ＡＩＲ）とは、地域外のアーティストを一定期間迎え入れ、滞在中の創作活動を支援する取り組みだ。

アーティストは、異なる文化や歴史に触れ、住民と接する中で、新たな作品の創造を目指す。受け入れ側にとっても、地域の魅力を再発見できるなどのメリットが指摘されている。

日本では１９９０年代から各地に広まり、自治体が運営するケースが多い。文化庁はＡＩＲの実施団体に補助金を出している。

ベップ・プロジェクトは清島アパートの他にも、毎年１、２組を別府の長屋に受け入れるプログラムを継続している。

⑪演習場内の家

反戦平和、北の大地で60年——記録映画が完成間近

2020/3/14

2月1日午前8時31分、日米共同訓練実施中の北海道・陸上自衛隊矢臼別演習場に、大気をつんざくような音が響いた。155ミリりゅう弾砲の実弾が発射された瞬間だ。20秒間隔で発射され、鈍い着弾音も聞こえてくる。

「着弾まで40秒だから、射程は13キロくらいかな。積雪で、最初は着弾音が聞こえないんだよ」

演習場の真ん中、砲弾が飛ぶコースのそばに立つ木造の小屋で、監視に詰めている浦舟三郎《うらしゅうさぶろう》(82)が教えてくれた。

浦は和歌山県生まれ。貨物船の船長だった1988年、イラン・イラク戦争中のペルシャ湾に行く仕事を断って退職。翌年、妻と2人でここに移住してきた。

浦には戦時中、米軍の空襲で大勢の友人や知人を失った原体験がある。「米国と釧路を往復する貨物船に乗っていた時代に、矢臼別の平和運動を知った」のが、移住の動機になった。2009年に妻を病気で亡くした後も、監視小屋から約1キロの民有地にある家で1人暮らしを続けている。

▼たおやかな闘い

北海道東部、根釧原野の中央に広がる矢臼別演習場は、総面積約1万7千ヘクタール。自衛隊では最大規模の演習場だ。

戦後、国の開発計画に基づき開拓が進んでいた場所に、演習場設置が決定したのは１９６２年。しかし、故川瀬《かわせ》氾二《はんじ》ら２家族が「苦労して開いた土地に居たい」と用地買収に応じなかった。60年近く続く運動の原点だ。

民有地を囲むように演習場が設置されたが、川瀬らは労組や全国の反戦運動と連携し、買収を拒否し続けた。65年から毎年８月に平和盆踊り大会を開催。憲法９条をよりどころに「自衛隊は憲法違反」「緑の国土を砲弾で荒らすな」と訴える。

ドキュメンタリー映画「矢臼別物語――北の大地からのメッセージ」を撮影中の映画監督、山本洋子《やまもとようこ》(78)は、80年代半ばに初めて矢臼別を訪れ、人々の楽しそうな表情に驚いた。「戦争か平和かの最前線なのに、明るくゆったりしている。たおやかな闘いを映画にしたいと、ずっと思ってきました」と言う。

▼彫刻家と詩人

現在、演習場内の民有地には、川瀬の闘いに合流した浦のほか、彫刻家の二部黎《にべれい》(76)と詩人の倉谷《くらたに》あみ(70)夫妻が住んでいる。二部は小樽市生まれ。北海道教育大釧路校を卒業後、美術教師を経て、30歳から彫刻家として生きてきた。

「大学時代の恩師に、平和盆踊り50年記念の彫刻を作ってくれと頼まれ、何年か夏の間だけ矢臼別に来ていたら、住み着かないかという話になって。彫刻の仕事は人里離れた所でやるものだし、妻も賛成してくれたので移ってきました」

２０１７年に知床から移住してきた夫妻が暮らすのは、牛舎だった建物を改修した家。２階を美術館にして、共同制作した詩画集や二部の彫刻作品などを展示、一般に開放している。

「ここでは拳を振り上げるだけでは続かない。氷点下10度以下になる厳しい冬や、孤独に耐えていくために

木造の小屋で監視に詰める二部黎（左）と浦舟三郎。時折大気をつんざくような大砲の音が響くが、そのほかは２人の間に静かな時間が過ぎていく＝北海道別海町（撮影・堀誠）

は、生活を楽しんで心の底からこの場所で生きていきたいと思うようにならなければ、長続きしないんじゃないかな」と二部は話す。

▼沖縄と共通

この日の演習は午後4時半まで続き、計98発の射撃があったことを、監視小屋では確認した。

「発射音のたびに、間違って自分の家に落ちないかという恐怖感がある。肌で感じる身の危険は、戦争へ向かう時代と一本道でつながっていると思います」。移住から日が浅い二部は、恐怖を素直に表明する。

一方、浦は矢臼別が沖縄の問題と共通していると指摘する。１９８４年に陸上自衛隊と在沖縄米海兵隊による日米共同演習が行われて以来、矢臼別では米軍の演習が日常的になった。入り口に鉄製ゲートが設置されるなど警備も格段に強化される。今回は見送られたが、米軍普天間飛行場所属の輸送機オスプレイの訓練も予定されていた。

「日米地位協定が大きな問題です。終戦後の占領時代と同じ状況ですよ。沖縄のように米軍が事故を起こしたら、どんな目に遭うのか。ここで発信していかなきゃならないと思います」と浦。

浦と二部によれば、現在は退去を求める強い圧力や露骨な嫌がらせはない。住む人は変わっても、60年近く続いている運動の重みがそこにある。

今後の運動について尋ねると、浦は「憲法9条の精神があれば大丈夫」。二部は「ここの暮らしの楽しさを伝えられれば、きっとつながる」と期待感を込めた。

山本が7年がかりで撮影した映画は、6月ごろ完成予定だ。義父は「白い巨塔」「戦争と人間」などで知られる監督の故山本薩夫。「難しい映画ほどやさしく作れ、というおやじさんの教えにならい、楽しくて、見終わった後はこういう平和運動もいいなと思ってもらえるような映画にしたい」

（文・立花珠樹）

※　映画は２０２０年暮れに完成。独立プロ名画保存会が各地で自主上映を重ねている。

◎建物の屋根に9条

矢臼別の平和運動の象徴的な存在だったのが、２００９年に82歳で死去するまで、この地に住み続けた川瀬氾二さんだ。

川瀬さんは戦前、岐阜県の養蚕農家に生まれ、26歳で入植。ほとんどの農家が、旧防衛施設庁の買収工作に応じて離農する中で、妻の普実子《ふみこ》さん（１９９６年、69歳で死去）とともに、最期まで矢臼別に踏みとどまった。

ここで暮らす浦舟三郎さんら多くの人が、氾二さんの飾らない人柄、人間的魅力が運動の大きな力になったと証言する。

平和盆踊り大会の際、宿泊所となる倉庫の屋根には、氾二さんが書いた憲法前文と9条などの文字を今も見ることができる。

⑫断酒会　2020／3／21

聴いてくれる仲間が支え――依存症の苦しみを言葉に

酒をとがめられ、家族に手を上げてしまった。飲酒運転で事故を起こした……。

約20人の参加者が一人一人、体験を吐露していく。聴き手は自身の境遇と重ね、目をつぶって大きくうなずいたり、涙を流したり。発言には一切口を挟まず、「言いっ放し、聴きっ放し」が原則である。

高知市の繁華街のほど近く。アルコール医療に特化した下司《げし》病院では週2回、午後7時から「南四国断酒会」の例会が開かれている。酒への依存からの回復を目指す人たちの自助グループだ。

▼もやし1本

「今日もお酒を飲まずに来られました。皆さんのおかげです」。同市の農業アルバイト・安岡織江《やすおかおりえ》（42）が口を開いた。約2年前から断酒していたが、昨年6月、異性関係の悩みで頭がいっぱいになり、現実から目をそらそうと、再び酒をあおった。

「断酒会とつながっていたから、すぐに相談することができた。例会では、苦しみを言葉にすることで楽になり、孤独なのは自分だけではないと気付ける」

安岡は父母と姉の4人家族だった。物心ついたころから、他人にどう思われているかばかり考えてしまい、同級生と小学校へ行くのが怖かった。中学時代、食べた物を全て嘔吐《おうと》すると、気持ちが落ち着いた。「お母さんごめんね」。心の中でつぶやきながら、母の料理を吐き続けた。

断酒会で苦しい体験を語った後、一瞬笑顔を見せた安岡織江。会場には「断」と「酒」をデザインした会の旗が飾られていた＝高知市（撮影・藤井保政）

高校生の時、友人に誘われてバーに通うように。アルコール度数の高いテキーラを飲めば、緊張せずに店員と会話することができた。「お酒強いね」とほめられるのもうれしかった。

24歳で流産し、自宅に引きこもる。焼酎を1升飲んで、忘れようとした。仕事をしても、他の社員から陰口を言われているように思い込み、長くは続かなかった。

母の死をきっかけに、飲酒量がさらに増え、肝硬変になった。血を吐き、腹が膨らんでも、「少し太った」と感じただけで、病気の自覚はなかった。次第に食欲を失い、1日の食事はもやし1本に。呼吸するのさえ苦しくなり、高知市の公的病院に入院した。それでも、飲酒の欲求を抑えられず、下司病院に転院する。

▼病気だから治る

ジグソーパズルなどの作業療法や看護師による講義で、アルコール依存症への理解を深めた。断酒会にも顔を出したものの、仕事や家庭を持つ他の参加者は遠い存在に思えて、自分はその日の出来事を話すだけだった。

退院後、チョコレートなど糖分が含まれる菓子を食べたいとの欲求が異常に強まり、万引して逮捕されたことも。断酒会で出会った知人に電話すると、「とにかく例会に行きなさい」と言われた。

例会の休憩時間に、参加者に欲求のことを打ち明けた。返ってきたのは、「病気だから治るよ」との一言。「自分が全て悪いわけではないんだ。笑って生きてもいいんだ」と、希望が見えた気がした。

スナックで働いていた30代の頃、何回も救急車で搬送されていた糖尿病の客と一緒に飲酒することをやめられず、客は死亡した。自分の名前や思い出が記憶から消えていた時期もある。無感情のまま、ビルの屋上の縁に腰掛けていたことも――。そんな経験を少しずつ話せるようになった。

「口に出すことで、病気の自分を受け入れられる。隠していたら、いつまでも回復しない。断酒会には、聴いてくれる仲間がいる」。最近は、高校の保健の授業に講師として招かれ、依存症の実態を生徒に伝えている。

▼失敗繰り返し

断酒会は東京や高知で始まり、全国に６００以上ある。下司病院を創立した精神科医の故下《げ》司《し》孝麿《たかまろ》と元患者の故松村《まつむら》春繁《はるしげ》が１９５８年に「高知県断酒新生会」を立ち上げ、各地に運動を広げた。

下司病院の現院長・山本《やまもと》道也《みちや》（64）は「酒は快感を覚える物質を脳から分泌させ、覚醒剤とさほど変わらない強い依存性がある。死に至るケースもあります」と危機感をにじませる。

同病院では、患者の６割が半年以内に再飲酒するが、継続的に例会に出席している人の大半は断酒できている。再飲酒しても、他の参加者が自宅に駆け付け、病院に連れてきてくれることもある。

「ただ、最初から例会に出席する患者はめったにいない」と山本。「何度も失敗を繰り返して、一人ではやめられないと分かり、断酒会に足を運ぶようになる。参加者同士、病気を認め合うことで、断酒する意識を持つ。普段は人に言えない悩みを吐き出し、回復していく」

安岡は「本来、酒は楽しめるツールになるはずなのに、『人間の心をなくす薬物』になってしまった。これからは酒に頼るのではなく、断酒会で出会った仲間や家族、友人に頼りたい」と話す。支えを得て、明るい表情を取り戻した女性が、そこにいた。

（文・小笠原学）

◎患者は推計58万人

断酒会の起源は、名前や職業を明かさずに参加できる米国発祥の自助運動「アルコホーリクス・アノニマス」が日本に持ち込まれ、東京で「断酒友の会」が結成された１９５３年にさかのぼる。

厚生労働省によると、飲む量やタイミングを制御できないアルコール依存症患者は推計58万人に上るが、専門治療を受けたことがある人は2割にとどまる。

国は飲酒による暴力や自殺などの社会問題を解決するため、アルコール健康障害対策基本法を２０１４年に施行。全都道府県に専門医療機関を整備し、自治体や自助グループなど関係機関の連携を進めるとの基本計画をまとめている。

⑬婦人保護施設

性暴力受けた女性と共に――自ら選ぶ仕事で生きがい

2020/3/28

前夜吹き荒れた嵐が去り、水仙が咲く緑の谷間に光が差し込み始めた。大きな天窓がある三角屋根の大食堂に「おはよう」「おはよう」と声を掛けながら集まってくる女性たち。席に着き、おしゃべりをする人も、黙ってうつむく人もいる。

房総半島の南端、千葉県館山市にある婦人保護施設「かにた婦人の村」。性暴力などを受けた20代から90代の女性約70人が、豊かな自然の中で共同生活を営む。全国で唯一、長期入所ができる施設のため、各地からたどり着いた知的・精神障害のある人が多い。

「1日の仕事と、たくさんの友達を下さって、ありがとう」。立ち上がり、朝の祈りをささげたのは、グレーの制服に看護帽を付けた名誉村長の天《あま》羽《は》道子《みちこ》（93）だ。

▼開拓

天羽は熊本・天草出身の両親の下、旧満州（現中国東北部）で生まれた。戦後まもなく父が病死し、東京の銀行やメーカーで働いて家族を支えた。「自分さえ良ければ、自分が先に、というのはたまらない」。勤め先に向かう満員電車で、衝動に駆られた。

同じ敗戦国のドイツのキリスト教会から誕生し、弱者救済に役割を果たしていた「ディアコニッセ（奉《ほう》仕《し》女《じょ》）」の活動を知ったのは23歳の頃。世俗から離れ、身を投じることを決意した。

１９５７年に売春防止法が施行され、婦人保護事業が始まると、同じ志の仲間と一緒に、食べるために性を売らざるを得なかった女性の問題を「底点」と捉え、支援に携わるようになった。

かにたが誕生したのは65年。「弱い者同士、助け合いながら安心して生活できる場所が欲しい」という元売春婦らの切実な願いが実を結び、国が払い下げた海軍砲台跡地を開拓した。

天羽は「道をつくり、建物をたてる喜びを分かち合った。皆が誇りを持ち、共に生きてきた」と振り返る。近年、保護の対象はドメスティックバイオレンス（DV）やストーカーの被害者に広がり、新たな入所者も絶えない。

▼長くいたい

農園の仕事や編み物、調理といった午前の作業を終えた昼食時。この日は、その月に生まれた人の誕生を一斉に祝う月に１度の習わしで、食卓には少し豪華に刺し身やいちごが並んだ。

誕生月の女性たちが、にぎやかに近況や抱負を語る。「ラジオの音楽番組を聴くのが楽しみ」と話したのは60代の女性。暴力を振るう夫から逃げ、子どもに仕送りを続けてきたが、生活が立ち行かなくなり、５年前に保護された。娘とは時折、電話で話す。最近は「ここにできるだけ長くいたい」と希望する。

照れながら、ダークダックスの「銀色の道」を歌った「みやちゃん」は孤児として施設で育ち、中卒で集団就職した。しかし、社会に適応できず、20代でかにたへやって来た。地元に戻りたいと、一度は福祉関係者を訪ねたものの、「あなたの場所はもうない」と言われ、泣きながら引き返した。以来四十数年、「私はお百姓さん」と畑仕事に励んできた。

かにたでのケアが自立につながった人もいる。近親者から性被害に遭った女性は10年近くかにたで暮らした

「かにた婦人の村」の誕生会で１月生まれの仲間たちに歌を贈る女性たち。天羽道子（中央）ら職員も聴き入った＝千葉県館山市（撮影・京極恒太）

後、退所し結婚した。天羽は「自分は不幸な家庭だったから、新しい家庭をつくると。偉いなあと本当に思います」と嘆息する。

▼それでもなお

かにたには現在、五つの寮がある。土曜日の夜、特に心身の助けが必要な女性7人が暮らすデイジー寮で夕食をとるのは、天羽の仕事だ。作り付けのベッドが並び、絵本が積まれ、ストーブの鍋から湯気が立ち上る親密な空間の一角に、食卓が用意された。

昨年の台風で壊れた寮の屋根は、今もブルーシートで覆われ、雨漏りが続く。「シクラメンがだめになっちゃった」。繰り返す女性の訴えに、天羽は「子どもが傷ついたような気持ちね」と、静かに耳を傾けた。

食後、色鉛筆で描いた花や女の子の絵を差し出したのは、設立からの入所者「さっちゃん」。「いつもくれるんですけど、きれいでしょう」。天羽は大切に取ってある。

「かにたしかないというのは傲慢《ごうまん》」。天羽の胸に常にあるのは、ドイツ語の「デンノッホ」という言葉だ。「それでもなお」の意味。どこへ行っても「だめ、だめ」と言われてきた女性が、落ち着いた日々を送り、自分が選んだ仕事で喜びや生きがいを見つける。誰もが信じ得ぬ時にも信じ抜く。「そういうものが、かにたを今日あらしめているのかな」

奉仕の道を選んだ際、自らも家族とは一つの区切りを付けた。共に暮らす女性たちは「仲間」だ。東京湾や富士山を望む山の上の教会には、これまでにかにたで亡くなった女性や職員50人以上が眠り、遺影が並ぶ納骨堂がある。「いずれ私もみんなと一緒に、ここに眠ります」。

（文・中田祐恵）

> **◎女性の困難、複雑多様に**
>
> 婦人保護事業は開始から60年以上がたち、男女平等が浸透する一方、性差により女性が直面する困難は未成年の「ＪＫビジネス」や性虐待、ＤＶまで複雑・多様化している。
>
> 厚生労働省によると、婦人保護施設は２０１８年４月時点で39都道府県に47カ所ある。産前産後のケアや、子ども同伴への対応など、一部の施設では専門的な支援に取り組んでいるが、利用率は低い。
>
> 昨年秋には、厚労省の有識者会議が新法制定を提言。かにた婦人の村は、若い性暴力被害者の中長期的支援や、精神科医と連携した心的外傷（トラウマ）ケアのための施設改築を計画している。

瀬戸内海がほぐした心——東京で本業、週末は香川

瀬戸内海は群青色に輝いていた。川崎市の医療コンサルタント会社に勤める阪本《さかもと》美季《みき》（37）は、昨夏から週末だけ香川県三豊市のカフェを手伝っている。

店はオリーブ畑が広がる丘に立つ。目の前は海。「この風景が好き。２拠点生活を始めて、思考が柔軟になった」と笑う。

▼地方と関わり

阪本の自宅は東京都渋谷区にある。上智大を卒業し、都内の人材派遣会社に就職。２０１５年に現在の勤務先に移り、人事、総務、経理といった管理部門を担う。18歳まで神戸市で過ごした後は、ずっと東京で暮らしている。

「でも、私は神戸育ち。もともと地方に関わりたい気持ちがあった」。漠然と「故郷にも仕事をつくりたい」と考えていた19年春、ＪＲ東京駅近くで社会人向け勉強会「丸の内朝大学」を受講する。テーマは地方との緩やかなつながり。三豊の経営者が月替わりで登壇し地域の現状を伝えた。

講座をプロデュースしたのは、三豊で体験型の宿泊施設「ＵＤＯＮ　ＨＯＵＳＥ（うどんハウス）」を営む原田《はらだ》佳南子《かなこ》（35）だ。インターネット大手の楽天で地域振興ビジネスに携わり、地方の深刻な人材流出を知る。悩んだ末に退職し18年、名物のうどん作りを学べる宿を開業した。

瀬戸内海を望むカフェのテラスから朝日を眺める阪本美季＝香川県三豊市（撮影・遠藤弘太）

東京出身の原田は単身、香川に飛び込んだ。しかし、首都圏には、移住に踏み切れなくても、地方と関係を持ちたい人が大勢いることは分かっている。「地域に呼び込むことで、企業の人手不足を解消できないか」。両者を橋渡しする会社「瀬戸内ワークス」を立ち上げ、来訪者を募った。

19年6月、阪本は人口6万人余りの三豊市に初めて足を踏み入れた。地元の経営者の案内で、バス会社やゲストハウスを回る。だが「自分がどんな形で三豊に関与できるか、想像できなかった」。デザインなど特別な技能がないと、地域に貢献するのは難しいと思い込んでいた。

▼優しい青

約1カ月後、瀬戸内ワークスに協力している経営者の一人・真《ま》鍋《なべ》貴臣《たかおみ》（44）がフェイスブックで「オリカフェ」の手伝いを募った。店舗のある丘は、阪本も訪れ、印象に残っていた場所だ。

当時、阪本は1人で管理部門を切り盛りしており、トラブルの対応で精神的な余裕を失っていた。「偶然の流れに身を任せることで、何かが変わるかもしれない」。募集に応じた。

すぐに採用が決まり、新幹線と列車、レンタカーを乗り継ぎ、片道5時間かけて通い始めた。翌朝、カフェのデッキで朝食をとる。眼前には海と空。「優しい青が続き、広がっていく感じ」。沖を進む小さな船のエンジン音以外、何も聞こえなかった。

土曜の夜はカフェ隣のガレージハウスに泊まり、日曜の午前中は自由時間。友人と島に渡ったり、潮だまりに人が鏡のように映る海岸までドライブしたり。住民の「のんびりした雰囲気」と、心安らぐ風景に触れ、縁もゆかりもなかった三豊市が大好きになっていった。

ボディービルが趣味の阪本は週5回、ジムに通う。三豊市にも施設はあり、時間があれば体を鍛える。「意外とそのままシフトできる部分もある。地方での暮らしは、いい意味でイメージと違う。こうだと決めつけず、自分なりの2拠点生活があっていい」

カフェを経営する真鍋は「東京だと、あらゆる価値はお金がないと手に入らない。三豊には、互助をはじめ、お金がなくても交換できる価値がある」と話す。そんな故郷の面白さを、阪本に感じてもらえればと願う。

▼消えた固定観念

「阪本さんのように、うまくいく方はまれ」。舞台を用意した原田は言う。瀬戸内ワークスには、三豊での就職希望が寄せられている。地元企業は人手が欲しい。ただ、両者のニーズを合致させるのは簡単ではない。

東京でキャリアを積んだ人に、いくらでどんな仕事をしてもらうのか。1人分の受け皿をつくるのにも苦労する。それでも原田は「一度社会に出て、新しい挑戦を考える人に、機会を提供したい」と試行を続ける。

阪本は新しい居場所を得て、心がほぐれたと感じている。三豊に通いだしてから、視野が広がり、袋小路に見える状況でも、着眼点を変えれば活路はあることに気づいた。時間配分もうまくなった。

東京が嫌いなわけではない。食事やサービス、仕事の選択肢の多さは気に入っている。「私の場合、いろんな所で活動する方がバランスが取れる」と阪本。

「今はまだ半分お客さんという気持ちもある。東京で三豊の魅力を発信し、もっと貢献できたら」。自ら東京と地方をつなぐ仕事を起こすのも面白い。そう、思い始めた。

（文・浜谷栄彦）

◎6割が移住の意向

住所地以外にも拠点を持つライフスタイルは「2拠点生活」「2拠点居住」「デュアルライフ」などと呼ばれる。大都市住民が週末を地方で過ごすケースが多い。地方の人手不足解消につながることが期待されている。

リクルート住まいカンパニー（東京）は２０１８年、２拠点生活を実践している埼玉、千葉、東京、神奈川、京都、大阪、兵庫の1都2府4県の20～60代に実態調査を行い、約千人から回答を得た。

２拠点生活をしている人は、30代以下が57％を占め、世帯年収８００万円未満が53％だった。もう一つの拠点に移住したいと思う人は、59％に上った。

⑮昭和の気動車　２０２０／４／11

運転体験で活路を――元国鉄マンが保存に奔走

「出発進行」。黄色の車体に赤いラインが入った１９６６（昭和41）年製の気動車「キハ２００４」がゆっくりと動き始めた。ディーゼルエンジンが重厚な音を奏でる。福岡県福智町の金田駅。レトロ感満載の車両の運転席にいるのは運転体験中の鉄道ファンだ。憧れの気動車を操る興奮と緊張感からか、表情は硬い。

「雨で車輪が空転しても、隣の指導員がどこでブレーキをかければいいのか、教えてくれますよ」。開催する保存団体「キハ２００４号を守る会」会長の前田《まえだ》忠《ただし》（76）が優しく声を掛けると、ファンはほっとしたような笑顔を浮かべた。

▼至福の時間

守る会は、同県筑豊地方の第三セクター、平成筑豊鉄道の線路を借り、キハ２００４で片道約１５０メートルを往復できる運転体験を、夏を除いて原則月１回開いている。制限速度の時速15キロを守りながら、マスコンと呼ばれる装置を回して加速し、ブレーキハンドルを動かして停車させる。参加者は真剣そのものだ。

ボランティアらによる手弁当の運営だが、出発時刻などを記した模擬時刻表を配り、元国鉄マンの前田が車両の床下にある機器を指さして列車の構造を熱心に説明する。鉄道ファンにとって、実際の鉄道現場に足を踏み入れたような気分を味わえる至福の時間だ。

参加費は１万円と安くないものの、遠く離れた関東や関西から鉄道ファンが大勢押しかけている。前田は

「地元の福岡県の参加者より多いほどだ」と驚きを隠さない。

今年1月の運転体験に初めて参加した東京都中野区の会社員、加澤昌弘《かざわまさひろ》（45）もその一人。「ブレーキハンドルを回してブレーキの音がした時は既に効き過ぎている。思い通りに止まってくれない」と苦笑するが、「どのように動くのかを教えてくれた。うれしい体験ができた」と満足そうだ。

▼理想の車両求め

前田は１９６２年に旧国鉄に入り、直方気動車区（現ＪＲ九州直方車両センター）で気動車の整備に携わった。ＪＲ九州を経て98年に平成筑豊鉄道に移り、営業部長などを務めた。

少子高齢化や過疎化で利用者が減って業績が落ち込む中、足を棒にして車内広告のスポンサーを探し、お金を払ってつり革にメッセージを記す「つり革オーナー制度」といった増収策を導入。だが経営悪化に歯止めは掛からなかった。

通勤や通学などの利用者を増やすのは構造的に難しい。そこで浮上したのが鉄道遺産を活用した運転体験会に愛好家を呼び込むアイデアだった。前田は同社を退職した身だったが、地元の愛好家と手分けしファンに人気のある気動車を探した。

しかし意中の車両は保存状態に問題があったり、輸送が困難だったりして難航。「もはやこれまで」とあきらめかけた時に、茨城県の三セク、ひたちなか海浜鉄道が半世紀近く運行してきたキハ２００４を老朽化のため退役させるとの情報が入ってきた。旧国鉄車両の面影を残す外観で、床に木を敷いたレトロ調の内装は味わいがあり人気が高かった。

「キハ2004」の運転体験を終え別の車線を走る列車に手を振る参加者と関係者＝福岡県福智町（撮影・堀誠）

▼ファンが支える

「これに賭けるしかない」――。前田らは２０１５年夏、ひたちなか海浜鉄道を訪れ引き取りたいと申し出て、無料譲渡で合意した。だが九州への搬送費は約４６０万円。補修の費用も必要となる。自分たちや赤字経営の平成筑豊鉄道に資金の余裕はない。

目を付けたのは、インターネットで寄付を募るクラウドファンディングだ。応募者への返礼品などの費用もかかるため、目標額を８００万円に設定して実施、８９０万円を集めた。ファンが支援してくれた。

キハ２００４が福智町に到着したのは16年10月17日午前4時。茨城県・那珂湊でのつり上げ作業から東京・有明港への陸送まで立ち会った前田だが「（福智町に来てくれるか）半信半疑だった。実際に金田駅で再会し、本当に来てくれたと感動した」。苦労が報われた瞬間だった。

17年11月に始まった運転体験は貸し切りを除いて今年２月９日まで21回開かれ、延べ参加人数は１９２人。最高で13回参加した人もいる。「参加費の半額５千円を平成筑豊鉄道に支払っている。参加者の多くは切符や１日乗車券を買って訪れている」。前田は、わずかではあるが同社の収入を上積みするのに一役買っていると強調する。

これまでに３回参加した福岡県久留米市の会社員、和田《わだ》彰《あきら》（47）は、昨年11月まで茨城県かすみがうら市に住んでいた。「アナログの雰囲気が好きで、ひたちなか海浜鉄道でもキハ２００４に乗っていた。転勤でこちらへ引っ越し、運命的な縁を感じる」と語る。

ファンからの支援で引退後の居場所を得たキハ２００４は、今もそれぞれの熱い思いに支えられて走り続けている。

（文・大塚圭一郎）

◎経営厳しい三セク鉄道

平成筑豊鉄道は、ＪＲ九州の赤字路線だった伊田線と糸田線、田川線を引き継いで１９８９年10月に運転を始めた。元号の平成を冠した唯一の鉄道会社として注目を集めたが経営は厳しく、利用者数の落ち込みが響いて２０１８年度の経常損益は４６４０万円の赤字に陥った。沿線自治体の補助金が経営を支える。

第三セクター鉄道等協議会によると、旧国鉄の赤字路線などを前身とする加盟三セク鉄道40社のうち、18年度の経常損益が赤字だったのは８割の32社に達する。赤字総額は約78億３１９０万円に上る。

虐待から逃れた幸せの地――人と自然の理想郷に

「ほら、しっかりと結べば大丈夫」。クリやヒノキの木を組み合わせたツリーハウスの骨組みの上で、竹をひもで結ぶ作業にてこずる少年に、林田《はやしだ》浩之《ひろゆき》（40）が優しく語りかける。

近くで様子を見守る高見《たかみ》乾司《けんじ》（71）は「木も竹も、全ての素材がこの山で採れたもの。ここでやっている仕事は、アートの最前線につながっている」と胸を張る。

日本で最初に本格的な孤児院を開いた「児童福祉の父」石井《いしい》十次《じゅうじ》（1865～1914年）の遺志を引き継ぎ、宮崎県木城町などで児童養護施設や保育園を運営する社会福祉法人・石井記念友愛社の敷地内にある森林。林田は高見とともに、この場所を人と自然が共生する理想郷に変えようとしている。

▼1年3カ月

林田は子ども時代を同県都城市で過ごした。物心ついた頃に両親が離婚し、小学校入学前に父親が再婚、義母から壮絶な虐待を受けた。木刀で殴られたり、包丁で切りつけられたりといった直接的な暴力に加え、満足な食事をほとんど与えられず、何週間も庭の物置に閉じ込められた。

今でも忘れられないのが、小学2年の時の身体測定で体重がわずか15キロしかなかったことだ。1年生から身長は1ミリしか伸びておらず、体重は2キロ減っていた。健康手帳には「栄養失調」と書かれており、「骨と皮だけの状態で、生死の境をさまよっていた」。

ツリーハウスの骨組みの上で竹をひもで結ぶ作業を教える林田浩之。２人の声が森に響いた＝宮崎県西都市（撮影・堀誠）

義母だけでなく、父親からも暴力を振るわれた。逃げ場がなく、家出を繰り返す。そうしてたどり着いたのが、児童養護施設「石井記念友愛園」だった。友愛園では日常的な暴力から逃れ、3度の食事と温かい布団にありつくことができた。滞在したのは小学5年の3学期から中学入学までの1年3カ月だったが、「間違いなく僕の人生で一番幸せな時間、忘れられない場所」と振り返る。

▼仮面美術館

4年ほど前、林田は長年勤めた岐阜県内の飲食店を辞め、西日本を野宿しながら歩く旅に出た。借りていた部屋を引き払い、携帯電話や免許証さえ持っていかなかった。

「子ども時代に失ったものを取り戻そうと必死に生きてきたけど、精神的に限界だった。いろいろなことを断ち切りたかった」。目的地のない旅だったが、唯一立ち寄りたいと思ったのが、少年時代の記憶が残る友愛園だった。

２０１７年の夏、旅の途中で訪ねた往時の小学生寮の玄関先には「九州民俗仮面美術館」の看板が立て掛けてあった。そこで暮らしながら館長をしていたのが、民俗研究家で画家の高見だ。林田が生い立ちを話すと、「ここで育った人なら、いつでも帰ってくればいい」と温かく迎え入れてくれた。

高見にとってもこの地は、傷ついた自分を癒やしてくれた場所だった。大分県由布市で仮面を展示する美術館を営んでいた約20年前、経営難で1億円近い負債を抱えた。

そんな高見を受け入れたのが、石井十次のひ孫で石井記念友愛社理事長の児嶋草次郎《こじまそうじろう》（70）だ。「福祉と芸術が融合する理想郷をつくりたい。その夢を手伝ってもらいたいと思った」。児嶋は建物を無償提供し、高見は美術館を再建した。

高見は移住と同時に、荒れ果てた状態で放置されていた裏山の手入れを始めた。群生するスギを切り開くと、そこにはヤマイチゴやアカメガシワなど、縄文時代からの植生が姿を現した。

「山で木を切ったり、花を摘んだりする中で、つらいことを忘れることができた。僕はここで、再び生きる力を取り戻した」と話す。

▼優しい社会

長い間、人の手が加えられていなかった約20ヘクタールの森林は、多種多様な植物が共存する豊かな里山に変わりつつある。山の資源を使った草木染や竹細工のワークショップには、県内外から多くの参加者が集まるようになってきた。

高見の元で暮らし始めた林田も、最近は慣れた手つきで木を切り倒し、何十種類もの草花の特徴をすらすらと説明できるようになった。「自分が幸せだった場所の力になりたい」と手伝いを申し出たが、「まさか3年もいるなんて、思ってもみなかった」と笑う。

そんな林田を高見は頼もしそうに見つめる。「林田君の人生は鳥肌が立つほど悲惨だけれど、ここに彼の居場所ができた。この地で育ち、帰ってきた彼にこそ、この森を守っていってほしい」と期待を寄せる。

「ここで過ごした1年3カ月が、僕の人生を支えてくれた」。そう語る林田には、夢ができた。「生きづらさを抱える人たちが、一呼吸つき、心を休められる居場所をつくりたい」

そういう実践から少しずつ、虐待などのない優しい社会を築いていけるはずだと、今なら信じることができる。


（文・米田亮太）

◎転機迎える児童養護施設

児童養護施設は、親の死亡や経済的事情、虐待などにより、家庭で暮らすことが困難な子どもを育てている。原則として2〜18歳が対象で、全国に約６００カ所ある。

厚生労働省は２０１８年、親元にいられない子どもについて、平均20％ほどだった里親委託率を、乳幼児は5〜7年以内に75％以上、学童期以降の児童は約10年以内に50％以上に引き上げる目標を掲げた。

児童養護施設の関係者は「施設を否定して、委託率を上げるのは危険だ」と反発。厚労省の担当者は「施設を無くすわけではなく、里親支援や専門的養育など、施設には新たな役割が期待されている」と説明する。

⑰がん患者の就労支援

2020/4/25

治療と仕事、両立のとりで——転職経てナビゲーターに

東京のハローワーク飯田橋で、岡《おか》田《だ》晃《あきら》(55)が一人の男性をブースに案内した。２０１８年12月28日。仕事納めの日で、職を探しに来る人の姿もまばらだ。

案内されたのは小《お》谷《だに》光《みつ》明《あき》(57)。半年前に皮膚がんと診断され、手術、抗がん剤、放射線治療を終えたばかりだった。左側の首と頬は、まだ赤く腫れている。

▼「できること」を

岡田は、がんと診断された人が、新しい職場で治療と仕事を両立できるようサポートする「ナビゲーター」の一人。がんを理由に仕事を辞めざるを得なかった人の「とりで」のような存在だ。

「体力にまだ少し自信がない」「月に1度の通院が必要」といった患者の状況に合わせ「自宅に近い職場から探しましょう」「平日に休みを取れるシフトなら交渉しやすいですね」などと助言しながら、希望に近い職場を絞り込む。

「がん患者を特別扱いするべきではないという声はある。でも『がんになったら働けない』という誤解のせいで、能力を判断されず、チャンスを奪われている人には支援が必要です」

岡田は、連携する東京・築地の国立がん研究センター中央病院に定期的に出向き、入院中や通院する人の就職活動も支える。

13年度に全国で5人だったナビゲーターは、90人を超えた。16年に成立した改正がん対策基本法には、がん患者の雇用継続に配慮する努力義務を企業に課すことが明記されるなど前進もあった。

「それでも、がんを患ったと言い出しにくい風潮は根強い」と感じる。「『がんだから、できない』ではなく『できること』を見つめるのが就活のスタートです」

就活中に自分ががんであることを、いつ伝えるかは常に課題だ。応募書類に書くと、書類選考で落ちるケースが多い。かといって通院や「重い物が持てない」などの事情を知らせず就職すれば、トラブルを招きかねない。

「無理に書類に書く必要はない」と岡田は言う。「面接まで行けば能力をアピールできる機会が生まれる。がんだと知っても、面接担当者が気にしない可能性は上がる」

▼解雇の経験も

岡田自身もナビゲーターになるまで、10回近く転職を繰り返した。自ら辞めたことも、首になったこともある。

1990年、新卒で入った中堅商社は、バブルの崩壊で業績が悪化。岡田が営業を担当した高級時計もカー用品も売れず「ダメ営業マン」との烙印《らくいん》を押された。96年に輸入食品商社に出向後、転籍した。

振り返ると、今につながる道は、そこから始まっていた。店舗管理のマネジャーとして店を回ると「あの店長の下では働きたくない」「百貨店が無理難題を押しつけてくる」などの不満を聞いた。「どうすれば、みんなに気持ちよく働いてもらい、店をうまく回せるのかを真剣に考えた」

答えを探そうと「産業カウンセラー」の資格を取得した。「相談を受けたら、相手の苦情を受け止める柔軟さ

ハローワーク飯田橋でがん患者の就労支援をする「ナビゲーター」の岡田晃＝東京都文京区（撮影・萩原達也）

は必要。でも言うべきことは言わないと、信頼関係は築けない」と気付いた。

その後、岡田は上司と販売方針を巡り対立、解雇された。心理学の勉強をしながら、派遣社員や正社員として働く日々が始まる。

高校の進路指導補助、大学の学生就職支援、就職につまずいた若者の支援などを経て、進む道が定まってきた。ハローワークに就職したのは47歳。直前の離職期間は半年を超えていた。だから「就職活動中の不安は、よく分かります」

▼余命半年から

岡田が出会う相談者はみな、一度は死と向き合っている。小谷は、中でも印象深い一人だ。

7年かけて公認会計士の試験に合格し、会計事務所で働き始めた8カ月後、がんと診断された。腫れた首や頬はがん治療で闘った痕。「余命半年と告知されたが、生き残った。生きるために働かないとだめなんです」

正社員の職に就こうと、岡田に相談しながら就職活動を始めたが、5カ月後も面接に進めなかった。小谷はパートに範囲を広げて探すことに。ハローワークの端末で「正社員またはパート」と入力した途端、選択肢が増えた。

「その見かけでは客の前に出せない」と面接で言われるなど悔しい思いもしたが、19年11月、個人事業主の税申告を支援する東京都府中市の「武蔵府中青色申告会」で採用された。約4カ月の契約だ。

青色申告会は「がんかどうかは関係ない。真面目な働きぶりでした」と評価する。契約が終了した小谷は再度、就職活動を始めた。

岡田は安易な慰めの言葉を掛けない。小谷に知ってほしいのは、点としか思えない経験が、つながれば必ず線になること。

そして20年4月、小谷は国立市内の税理士事務所で正社員として働き始めた。「こんなに、やりがいのある仕事ができるなんて」。小谷の道もつながった。

（文・山岡文子）

◎まだ不十分

がん治療や検査のために2週間に1回程度、通院しながら働く環境が整っているか——。2019年9月、内閣府が発表した世論調査で「そう思わない」「どちらかといえばそう思わない」という回答は57・4%に上った。社会の理解は、まだ不十分だ。

最多の理由は「体力的に困難」。続いて「代わりに仕事をする人がいない、またはいても頼みにくい」「職場が休みを許してくれるかどうかわからない」など、パートや派遣の人には特に切実な理由が続いた。

人手不足だからこそ、人材を簡単に切り捨てると悪循環に陥る。企業側も「何が可能か」という発想の転換が必要だ。

⑱高齢者のオアシス　２０２０／５／２

買い物難と孤独を救う――住民がボランティアで運営

住宅街の築１００年近い古民家から、にぎやかな声が聞こえてきた。「今日は新しいお菓子が入ったよ」「じゃあ、それをもらおうかな」。いずれも高齢の店員と客が、親しげに言葉を交わす。

スーパーが撤退した鳥取市気高町の宝木《ほうぎ》地区にある商店「オアシス宝木」。地元住民がボランティアで運営している。

パンやしょうゆ、冷凍食品、台所用洗剤……。10畳ほどの土間を改装した売り場には、食料品や日用品が並ぶ。奥の和室はサロンとして開放。１杯50円のコーヒーを飲みながら、近所の人たちが世間話に花を咲かせる。毎日訪れる常連もいる。

「ここに来れば寂しくない。店名通り、宝木の高齢者にとってオアシスなんです」。店の代表、本部《もとべ》亨司《きょうじ》（83）が話す。

▼悲鳴

宝木は鳥取市中心部から約13キロ西に位置する地区で、現在６００人余りが暮らす。江戸時代には宿場町として栄え、終戦直後は人口が１２００人を超えた。地区内には商店や警察署が軒を連ねた。「宝木に来れば何でもそろう」と言われるほどだった。

しかし、１９５５年に旧宝木村が隣接町村と合併し、地区のすぐ北側に国道９号が開通すると、若年層を中心に人口が徐々に流出していく。商店も相次いで閉まった。２００８年には、唯一残っていた農協系のスーパーが撤退、生鮮食品を扱う店舗がなくなった。

車を使えば、約3キロ先のスーパーまで10分足らず。だが、車がなく、頼る家族もいない独居の高齢者世帯が増えていた。地区の自治会長を務めたことのある本部の耳に「買い物ができない」との悲鳴が届いた。

「自分たちの手で商店をつくろう」。本部は地区の有志10人余りと立ち上がる。県から２５０万円の補助金を受け、メンバーの親族が所有する古民家を改装し、業務用の冷蔵庫や冷凍庫を用意。約3年がかりで、オアシス宝木を11年にオープンさせた。

▼縁側

本部は、宝木で旅館を営む家に生まれ育った。広島大に進んだ学生時代を除けば、教員として勤務した高校にも、ほとんど自宅から通った。その間、地区の変貌を目の当たりにしてきた。

中学生の頃、毎日のように友人らと近くの家の縁側に集まっていた。しばしば大学生もやって来て、勉強を教えてくれた。本部が化学の面白さを知り、化学教師になったのは、この体験が大きい。

「昔は、いろんな世代のたまり場があちこちにあった。道端で立ち話する人もいっぱいいた」

ところが、古い家々が建て替えられ、縁側のない、塀に囲まれた住宅が立ち並ぶように。住民の交流は薄れ、引きこもりがちな高齢者が増えた。「みんなが集まって、くつろげる場所を」。本部はオアシス宝木にサロンを設けようと提案した。

「サロンのおかげで救われた」。地区で1人暮らしの松下《まつした》タツエ（86）は語る。3、4年前に夫と次男を相次いで亡くした。放心状態で過ごしていた時、開店当初からオアシス宝木を手伝っていた顔なじみからサロンに誘

「オアシス宝木」に集まった地域住民たち。買い物ついでに談笑して憩いの時間を過ごす＝鳥取市（撮影・小沢亮介）

われた。

ご近所さんとの何げない会話が、気持ちをほぐしてくれた。「ここでは誰も悪口を言わないから、ほっとする。ワハハと笑って過ごせるようになった」。現在は最年長スタッフとして店を支えている。

▼ほそぼそと

開店以来ほぼ毎日、店を開けてきた。客が生活必需品を切らしたときに備え、１００品目以上を常備。地元でニーズの高い牛乳や卵は、いつも新鮮なものを用意している。

接客やレジ打ち、仕入れなど、全ての作業を50～80代のボランティアスタッフ18人が週1、2回ずつ分担する。「やりがいを感じる」と言う人も多いが、高齢者施設への入所などで、運営から抜けるスタッフもいる。本部も最近、朝5時半からの卸売市場での仕入れが「身体的に、つらくなってきた」。85歳になったら、自動車免許を返納し、店の代表も辞めるつもりだ。「後を継いでくれる人を探しているが、なかなか見つからない」

地区の人口減少に歯止めがかからず、開店時は1日に1万5千円以上あった売り上げが、半分以下になった。わずかな利益も光熱費などに消える。2月には、店から徒歩約10分の国道沿いにコンビニができて、売り上げはさらに落ちた。

それでも、本部は心配していない。「赤字になったり、スタッフが足りなくなったりしたら、営業時間を短くして、ほそぼそと続ければいい」と笑う。

「オアシスがあれば、地域の高齢者が仲良くやれる。最初の目的は買い物支援だったけど、今は交流拠点としての役割の方が大事だね」

古民家からは今日も、にぎやかな声が聞こえてくる。

（文・川口マヌエル）

※ オアシス宝木は20年10月、新型コロナウイルス感染拡大の影響で閉店した。古民家は別の住民が借り、地域の誰もが自由に使えるレンタルスペースになる予定。

◎825万人が「弱者」

農林水産省によると、食料品を販売するスーパーやコンビニが遠く、車が使えない65歳以上の「買い物弱者」は、2015年時点で推計約825万人に上る。過疎が進み商店が減った山間部だけでなく、高齢者が急増する団地など都市部でも事態は深刻化している。

同省が2019年に行った全国自治体アンケートによれば、買い物弱者対策を必要としている市町村のうち、実施しているのは約69%。コミュニティーバスをはじめ交通機関への支援、商店が不足する地域への出店や店舗運営に対する補助金などが多い。

常設店舗の設置は地域の活性化が期待できる一方、運営主体となる住民の高齢化や不採算などから閉店も相次いでいる。

心の病と向き合い雑誌作り――弱い人を一番大事に

2020/5/9

「君のつらさはどんなもの？/人間はさ/泣いて笑ってをくり返しながら/生きているものじゃない？」

心の病と闘う入院患者から届いた詩。退院後の住まい事情や訪問介護サービスの現状など、地域で暮らすための特集記事……。鹿児島市のラグーナ出版が発行する雑誌「シナプスの笑い」は、精神障害者が投稿した文芸作品や、同じ障害のある社員らが企画、取材した記事を掲載している。

「ラグーナ」とは「干潟」を意味するイタリア語だ。役に立たないからと埋め立てられる干潟にも、多様な生物が共存し、海の浄化という大切な役割を担っていることに由来する。

ラグーナ出版では、精神疾患などを抱える20～50代の約30人が働く。気分が優れない様子の男性社員に、社長で精神保健福祉士の川畑善博《かわばたよしひろ》(52)が「大丈夫。ここは安全ですから」と声を掛けた。焦らず、ゆっくり。互いをいたわる、穏やかな空気が流れる。

▼自らドアを

川畑は１９９８年から10年間、鹿児島市内の精神科病院に看護助手として勤務した。心理学や哲学に関心を持ち、飛び込んだ精神医療の世界。だが、生活規則が事細かく定められるなど、患者の尊厳が重んじられない現場に戸惑う。

施錠された重いドアを職員が開けるまで、従順に待つ患者の姿に、悲しみがこみ上げた。「自らドアを開けられるようにしたい」。患者が地域で生活していけるよう、外出や会話の訓練を始めた。

ある日、訓練中の統合失調症の男性から、幻聴をつづったメモを見せられた。天使や悪魔、古代の神々が戦いを繰り広げていた。彼が「実際に起こっていること」と記した闘いの記録であり、生きている証しだった。

病院には、小説や詩歌を書く患者が多かった。病の痛みを広く世に伝えようと、川畑は投稿を募って、雑誌作りに乗り出す。患者が体験を共有することで、「自分だけじゃない」と孤独や不安が和らぐ効果もあった。

２００６年に「シナプスの笑い」を創刊。書店に並び、売り切れの連絡も届いた。「地域に根ざした活動だ」。店長からもらった励ましの言葉が忘れられない。川畑は出版に活路を見いだし、病院を退職。障害者が働きながら技能を身に付ける「就労継続支援A型事業所」として08年、ラグーナ出版を設立した。

▼夢見る場

シナプスの企画会議は、社員が自身の闘病体験を語り合い、アイデアを練る。「売店でよくアイスを買ったな」。有川《ありかわ》由《ゆ》貴《き》子《こ》（44）が入院中のささやかな楽しみを明るく語った。かつて夜の町をさまよい歩いていた面影はない。

屋久島出身の有川は東京で暮らしていた20代の頃、母の死をきっかけに精神のバランスを崩し、統合失調症に。鹿児島に戻ってからも、入退院を繰り返した。小さな窓から朝日や月の光だけが漏れる隔離室では、妄想や幻聴の症状が悪化。「出せ！」と大きな扉を何度も蹴り、死を考えた。

転機が訪れたのは09年。シナプスへの作品投稿を呼び掛けるポスターを見て、ラグーナ出版を訪ねた。「あなたの体験を言葉にしてみませんか」。川畑の勧めで、闘病生活を小説にまとめ、3回にわたり連載した。

その後、ラグーナ出版に入社し、校正を担当している。出版業界で経験を積んだスタッフが、丁寧に仕事を

特集企画の取材や表紙のイラスト制作など、多くの業務をこなす栫陽子＝鹿児島市（撮影・藤井保政）

教えてくれる。「いつか作家になりたい。ここは夢を見られる場所」と有川。自宅でも原稿用紙に向かう。

「ラグーナの成長は私の幸せ」。08年に入社した栫《かこい》陽子《ようこ》(42)は、会社とともに歩んできた月日を振り返る。シナプスの特集記事の取材や表紙のイラスト制作など、多くの業務をこなすが、気負いはない。困ったときに相談できる信頼関係があるからだ。「自分の弱いところも認めてもらい、ありのままの自分でいられる」と静かに語る。

以前、職場での過酷な勤務や人間関係に疲弊し、統合失調症を発症した。ラグーナ出版で働き、「弱肉強食」だと思っていた世の中に対する見方が変わった。「ここは弱い人を一番大事にする。悪口ではなく、人への励ましが飛び交う」

▼原点

会社設立から12年。年3回発行のシナプスは40号に達し、全国から反響の手紙が寄せられる。精神医療や鹿児島の歴史などに関する単行本も約40冊を発行。社員も増え、学校の卒業アルバムの制作、自費出版物の編集など、手掛ける仕事も広がった。「少し会社らしくなりすぎたかな」。経営が軌道に乗った今、川畑は自戒を込める。ここは効率や生産性を重視する労働の場ではないのだ。

「症状を取り去ることが大切なのではない。働くことで、患者の暮らしが社会にほんの少し開かれていけば」。かじかんだ心を温め、生きる勇気に寄り添っていく。川畑の原点は揺らがない。

（文・岩井美郷）

◎病院から地域へ

日本では戦後、精神障害者の隔離収容政策が進められ、本人の同意なしに数十年間、入院させられた患者も少なくない。周囲の偏見や差別も社会復帰を阻んできた。

厚生労働省によると、２０１７年時点で精神障害者は全国に約４１９万人。うち入院患者は30万人で、５年以上の長期入院患者が９万人に上る。

同省は04年、入院医療中心から地域生活中心へ転換する「精神保健医療福祉の改革ビジョン」を提示。障害者雇用促進法の改正で18年から、身体障害者、知的障害者に加えて精神障害者も雇用義務の対象となった。企業の採用は増えたが、離職率が高く、定着を支える環境づくりが課題だ。

定住を疑い、全国巡った――芸術家、街が生活の場に

突然出くわすと、大抵の人は目を丸くする。次いで眉をひそめるか、笑いだすか、困ったように視線を外すか――。アーティスト村上慧《むらかみさとし》(31)の作品は、それほど刺激的で存在感がある。

瓦屋根まで作り込んだ発泡スチロール製の小さな「家」。村上はそれを背負い、２０１４～15年の約1年間、遊牧民のように日本中を歩き回った。各地で軒先を借り、家を据えて中で寝た。

移動する姿は、まるで家に足が生えて歩いているように見える。人々からは当然、奇異の目が注がれる。だが、村上には見極めたいものがあった。

▼流される

もともとは武蔵野美術大で建築を学んでいた。だが、ふと土地の私有や定住という考えに疑問を抱く。日本中に空き家があふれる中、家を所有し定住するのは当然なのか。「土地も必要な人が必要な時に使えばいい」。11年の東日本大震災で、思いは強まった。

「津波で流される家々の映像を見て、これは深く考えるべきだと思った。ローンの残った家を失い、二重ローンに陥る人がいる。家に幸せを求めて、家に苦しめられていないか。その正体を見極めたい」。宿に泊まる旅ではなく、「移住」を「生活」してみようと思い立った。

それには「歩く家」が必要だ。手作りの家は外側こそ窓、表札まで詳細に描かれているが、内側はむき出し

東急世田谷線の松陰神社前駅で、踏切をわたる村上慧さんの「歩く家」＝東京都世田谷区（撮影・牧野俊樹）

の発泡スチロール。持たせてもらうと、肩で支えてバランスを取るのに少し苦労する。

リュックに着替えと寝袋などを詰め、家を背負って東京から北上、東北の震災被災地を回り、日本海側を抜けて九州へ。途中、約１８０カ所で敷地を借り、目に留まった家をペン画に描きためた。約1年間の移住生活で見えてきたのは、現代日本の不思議だ。

▼仮設で

「地方を歩いていると空き家が目に付くが、勝手に寝られるわけではない。お寺や道の駅を訪ねて、敷地を一晩貸してくれるか交渉した」

道の駅は国土交通省の管轄だが、村上は奇妙なことに気付く。「国のものだから」という同じ理由で「国民は自由に使える」と言う駅長と「寝泊まりはだめ」と言う駅長がいた。なぜ公共の場所で対応が割れるのか。「国とは誰のことか。日本は公共の概念がばらばらなのだなと感じた」

日本の道も厄介だった。ある町から別の町へ車で行くには便利だが、寄り道しながら歩いて移動するようには造られていない。「すぐ近くをトラックが通ると怖い。怒りすら感じた」

一方、人情に触れたのは東北の被災地だった。岩手県の仮設住宅で、被災者でない自分に後ろめたさを覚えつつ軒先を借りたいと言うと「おもしろいのが来た。一緒に飲もう」と歓迎された。

仮設に住む女性からは「狭さが不満だったが、村上君はもっと狭い所に寝ている。うちは広いと初めて思った」と笑顔で声を掛けられた。移住生活に挑戦してよかったと思う瞬間だった。

日本を回っている間、村上は街全体が生活の場のような奇妙な感覚にとらわれたという。「あのコンビニはトイレ、このコインランドリーは洗濯機というふうに、街の見え方が変わった」。必要を満たす所は街中にある。家の機能とは「結局、寝る場所だ」と得心した。

▼モンゴルへ

村上は18年から、東京都三鷹市の共同アトリエを制作拠点としている。19年には「喫煙所」という作品を展示した。持ち運び可能なビニール製の巨大な煙突。中で喫煙すれば周りに煙は流れないが、これも思わず目を丸くする作品だ。

同じアトリエで作業するアーティスト内《うち》田《だ》涼《りょう》（30）は、村上の作品について「生活と一緒になっている点が重要だと思う。（本人は）必要に駆られてやっていることが公共とか地続きになっている」と評した。

歩く家もそうだ。行く先々で、人々の「こうあるべきだ」という考えを揺さぶった。村上によると、歩く家に出合って「こういう暮らし方は間違っている。気に入らない」と突っかかってくるのは圧倒的に中高年男性だったという。逆に「面白いね」と声をかけてくるのは女性が多かった。

「日本が生きづらくなったとすれば、人の振る舞いを気にしすぎるからだと思う。僕は家を背負うことで、それを断ち切った。どの場所で、どう暮らそうが自由なはずだ」

村上は15年以降も、国内外で移住生活を繰り返している。16年はスウェーデンで家を背負って歩いた。軒を借りた家の芝生が心地よかった。18年には韓国で歩いた。今後はモンゴルで試そうと思っている。

「遊牧民が多いモンゴルは、土地に対する感覚が違うと聞いたから」。遊牧民を訪ね「隣に家を置いて寝てもいいか」と尋ねる。どんな答えが返ってくるかを、村上はとても楽しみにしている。

（文・軍司泰史）

◎「所有」をめぐって

私事だが、父が祖父から相続した農地の扱いに困っている。父の出身地にあるのだが、父を含め親類全員が町を離れており、世話をする人がいない。売却や譲渡のめども立たない。一方で、毎年管理費用はかかる。

耕作放棄地や空き家が増える理由が、分かるような気がしている。

村上慧さんの話を聞いて、旧来の「所有」の形態は限界に来ているとさらに強く感じた。「ここは誰それの土地」という発想を脱し、家も土地も「必要な人が必要な時に使えばいい」という考え方を取り入れること。それはカーシェアリングやシェアオフィスといった分かち合いの経済とも地続きではないか。

安心できる場、共に考える――社会には余白が必要

午前10時。ＪＲ仙台駅前にある高層ビルの会議室に、男女約20人が集まった。ひきこもりの当事者や支援者が一日がかりで「安心できる場」を共に考えるイベント。一般社団法人「ひきこもりＵＸ会議」（東京）が全国各地で主催している。

室内にはゆったりとしたジャズが流れ、室《む》井《ろい》舞《まい》花《か》（33）らＵＸ会議メンバーの軽妙なトークに、緊張気味だった参加者の表情がほぐれていく。開始から15分ほどたった頃、うつむき加減で男性が入ってきた。近郊に住む児《こ》玉《だま》隼《はや》人《と》（33）＝仮名＝だ。

▼スイッチ

児玉は約5年前から、自宅にほぼこもりきりの生活を続けている。スマートフォンで動画を見たり、ゲームをしたりして一日の大半を過ごし、朝方、家族が起き出すのを見計らって布団に入る。

歯車が狂い始めたのは中学生の時。教室の後方に陣取ったやんちゃなクラスメートたちに度々呼ばれ、頼み事をされた。教師に止めてほしかったが、見て見ぬふり。遅れを取り戻そうと家で必死に勉強し、テストで高得点を取ったものの、成績は5段階で2か3だった。教師に抗議すると、「授業中の態度が悪いからね」と言われた。

それ以来、何をするのもおっくうになり、高校、大学はサボりがちに。やりたい仕事が見つからず、就職活

動にも身が入らない。大学卒業後、いったんは両親が経営する店を手伝ったが、朝から晩まで働きづめの親の姿を見て「自分にはとても無理」と思った。

　人と会わない日々を重ねるうちに、将来への不安、社会に出る怖さが増していく。30歳を目前にして、「ちょっとだけ頑張ろう」と就労支援機関に向かった電車内で、突然呼吸ができなくなった。支援機関の担当者に「パニック障害かもしれない」と打ち明けると、「普通にしゃべっているんだから、大丈夫じゃないの?」。自分の中のスイッチが切れた。

　ＵＸ会議のツイッターで、今年2月に仙台でイベントがあると知った。「自分と同じような人に出会えるかもしれない」。自転車で1時間半かけ、会場にたどり着いた。

▼自分は何者

　ＵＸ会議のメンバーは、ひきこもりの経験者ら５人。室井はセクシュアルマイノリティーの当事者で、２０１３年に同性の恩田《おんだ》夏絵《なつえ》(33)と結婚式を挙げた。恩田が参加していたＵＸ会議の活動を手伝う中で、ひきこもりの生きづらさに共感し、メンバーに加わった。

　初恋は13歳。相手はクラスの女の子だった。「他の人と違う」「間違ったことをしている」恐怖感とともに、「自分は何者なのか」という疑問が渦巻いた。

　室井も児玉も、画一的な教育が見直された「ゆとり世代」。教師は「みんな違って、みんないい」と言ったが、室井にはぴんとこなかった。「クラスの和を乱さない範囲で」との前提があると感じたからだ。

　保健体育の教科書には「思春期は誰もが異性に関心を持つようになります」とあった。「他の人は白で、私は黒。そこにいてはいけない、排除されるべき人間なのだ」。最終宣告を受けた気がした。

イベントの初め、お互いに移動して自己紹介し合う「チェックイン」の輪に加わるUX会議メンバーの室井舞花＝仙台市（撮影・藤井保政）

転機となったのは、大学在学中に参加した「ピースボート」。世界中を航海する大型船の上で、さまざまな背景を持つ人たちが自由に意見を表明し、互いを尊重していた。その光景に勇気付けられ、自分にうそをつかずに生きようと決めた。

その後、UX会議でひきこもり女子会を企画したり、岩手県遠野市を拠点に住民同士の新しい共助の形を模索する活動をしたりしている（遠野市での活動は20年6月に終了）。

▼ただ居るだけで

イベントでは、グループに分かれて「安心できる場」を設計することになった。福祉関係の男性が「これまで居心地が良かった場所はありますか」と尋ねると、児玉は「ないです。ひきこもりですから……」。

だが徐々に打ち解けると「ひきこもりの人にとって電話はハードルが高い。連絡はメールで。会話は少なくても、思いやりの心がある当事者会をつくりたい」と話した。

室井は少し離れて、様子を見守った。児玉は「他の人と同じように働けず、だらけてばかりで駄目な人間」と自らを責め、立ち上がるのをあきらめかけた。それでも、意を決してここに来た。「何をやるかではなく、何かをやってみようという動機にこそ一番の価値がある」と室井は言う。

誰もが存在を否定されず、自分らしく生きられる世の中とは——。室井が思い描くのは、漫画「ドラえもん」に出てくる空き地だ。土管しかない場所に自由に集まって、遊んだり、けんかしたり、ジャイアンが突然コンサートを始めるという挑戦をしたり。何もせず、ただ居るだけでもいい。

「生産活動や、こうあるべきだといった概念とは無縁の空間。地図にはない、そんな余白が社会の中に必要ではないでしょうか」

（文・永沢陽生）

◎「８０５０問題」も深刻

内閣府の２０１８年の調査では、家族以外と半年以上ほとんど交流せず、自宅にいる中高年（40～64歳）の人は推計約61万人に上る。15年調査の若年層（15～39歳）の約54万人を上回り、ひきこもりの長期化、高年齢化が進む。

80代の親と50代のひきこもりの子が孤立する「８０５０問題」も深刻だ。国は介護、困窮など複合的な問題の相談窓口を設置するよう、自治体に促している。

ひきこもりＵＸ会議が昨年行った当事者らへの調査によると、生きづらさが改善したのは「安心できる居場所が見つかったとき」が45％と最多で、就労は17％どまり。多くが「ハローワークで説教された」など、行政の支援に課題を感じている。

もう一度だけチャンスを――過酷な無期限の投獄

2020/5/30

「家族に会うのは8年ぶりです」。茨城県牛久市の入国者収容所「東日本入国管理センター」を出たイラン人ゴラム・レザ・ソルタニ（48）の表情には、喜びと不安が入り交じっていた。弟のレザ（45）も一緒だ。群馬県の自宅まで、電車で約3時間かけて帰る。最寄り駅には、妻（49）と次女（13）が迎えに来た。妻は「夢を見ているようだった」と2月の再会を振り返る。

▼2週間の自由

出入国在留管理庁に属する同センターは、不法滞在などで国外退去を命じられた外国人を強制送還までの間、収容する施設だ。母国で迫害の恐れがあると難民認定を申請したり、家族が日本にいたり、それぞれの事情で帰国を拒む人の収容が長期化している。

反発した入所者が昨年、大規模なハンガーストライキを始め、ゴラムも加わった。断続的なハンストで体重は約15キロ落ち、入管は一時的に収容を解く「仮放免」を2週間だけ与えた。

入管難民法は、退去強制令書による収容を「送還可能のときまで」と定める。事実上、無期限の投獄である。仮放免についても、可否や期間の明確な基準がなく、入管の運用は「恣《しい》意的だ」と批判されている。ゴラムは「裁判で決まった刑には終わりがあるが、ここは違う。精神的に本当につらい」と言う。

イランでイスラム教徒として生まれながら、キリスト教を信仰。学生時代に体制批判の政治活動をして当局に拘束され、出国禁止となった。身の危険を感じ、偽造パスポートを入手して、２０００年に日本へ渡った。知り合ったイラン人から「仕事を紹介する」と誘われ、乗った車に覚醒剤があった。パトロール中の警察官に現行犯逮捕されて、裁判で無罪を主張したものの、判決は懲役3年。難民申請も認められず、服役後約2年間、入管施設に収容され、ようやく仮放免となった。

実刑を受けた外国人には国外退去の手続きがとられ、帰国できなければ収容が続く。ゴラムの弁護士、伊藤《いとう》しのぶ（40）は「服役後は社会復帰に向かうのが本来の在り方だ。国籍が違うだけで収容が続くのはおかしいが、日本人の感情的な問題もあり、難しい」と話す。

▼忍耐足りず

最初の仮放免中、ゴラムは妻と知り合い、結婚した。韓国籍の妻は永住資格を持ち、当時小学生の日本国籍の長女（24）がいた。翌年、ゴラムとの間に次女が生まれる。しかし、ゴラムにビザは下りなかった。

仮放免では住居と行動範囲を制限され、就労も禁じられる。生きるため、家族を養うために、ゴラムは居酒屋などで隠れて働いた。ビザのない外国人を雇う職場は、長時間労働で低賃金。家賃を払えず、電気を止められたこともあった。

11年、ゴラムはレザと共に、違法薬物の密売容疑で再び逮捕される。「仮放免の6年間で経済的に困窮し、絶対にやってはいけないことをしてしまった。忍耐が足りなかった」。ゴラムは7年余り服役し、さらに約1年間、入管施設に収容された。レザも長期の身柄拘束で精神を病み、統合失調症と診断された。

妻は、夫が逮捕されてからの記憶が曖昧だ。「つらいことが多すぎた。ただ悲しいだけ、死にたいだけだった」。当時住んでいた家は、夜逃げ同然に出た。生活保護を受給した時期もある。子どもは学校でいじめられ、

多くの外国人が無期限の収容生活を送る茨城県牛久市の東日本入国管理センター。居室の窓には鉄格子や目隠しが施され、外の景色は見えない＝共同通信社ヘリから（撮影・泊宗之）

自殺未遂を起こした。

妻が体調を崩して働けなくなり、長女が高校を中退し働いている。長女は、一日でも仕事を休めば家族の生活費が減ると、体調管理に細心の注意を払う。妹が18歳になるまでは、責任を果たすと決めた。「でも、いつか自分も自由になりたい。誰かに甘えられる環境って、うらやましい」

▼家族は味方

4歳で別れ、父の過去を知らない次女は3月、小学校の卒業式を迎えた。ゴラムも妻と出席し、晴れ姿を写真に収めた。家では次女に勉強を教え、一緒に動画を見て笑い、夜は隣で寝る。「離れたくない、本当に」。ゴラムは親子の時間をかみしめている。

長女からはこの春、手紙をもらった。「ウソ偽りなく頑張るなら私達は味方でいます。どうか逃げずに戦い続けて下さい。一緒に正々堂々と生きましょう」

ゴラムは家族と日本で暮らすため、人道的な理由で与えられる「在留特別許可」か、難民認定を求め続けるつもりだ。前科が重くのしかかるが、妻は「一筋の光があるなら何でもする。私たちに必要な存在」と訴える。

新型コロナウイルスの感染拡大が影響し、ゴラムらの仮放免は当面延長された。だが、いつ再収容されるかもしれず、不安定な日々を過ごす。働くこともできずに、一家の生活は困窮している。犯した過ちを後悔しない日はない。

「イランには、もう帰れない。日本で働いて、やり直したい。子どもたちのために、もう一度だけチャンスが欲しい」

（文・桂田さくら）

◎６４９人が送還拒否

出入国在留管理庁によると、退去強制令書により入管施設に収容され、送還を拒否している外国人は、２０１９年末時点で６４９人。うち7割が半年以上の長期収容者だ。

収容者を支援する弁護士らは「収容は逮捕・勾留と同様の身体拘束なのに、裁判所の令状が不要で、入管だけで決められるのが問題」「収容期間に上限を設ける必要がある」「日本で長く暮らす人には在留特別許可を与えるべきだ」と訴える。

法務省は昨年10月、有識者会議を設置し、収容長期化について議論。今春公表した提言骨子案には、送還を拒む人への罰則の創設や、難民申請中の送還停止に例外を設けることなど、厳しい対策を盛り込んだ。

いつか、お子様ランチを――障害ある子を家庭へつなぐ

初めて対面した「わが子」は予想していたよりも小さく、そしてかわいかった。清らかに生きてほしい。そんな思いを込めて付けた名前は「聖生《せいら》」。札幌市南区の船渡《ふなと》川《がわ》貴《たかし》（38）と妻鈴子《すずこ》（37）は2年前、当時生後2カ月のダウン症の女児を長女として迎えた。

▼2倍の祝福

奈良市のNPO法人「みぎわ」を通じ、特別養子縁組をした。なかなか子どもを授からず、里親になることも考えていた時、障害のある赤ちゃんをあっせんしているみぎわに出会う。

「障害は特別な手助けを必要としているだけ。人間性や、人間としての価値が失われるわけではなく、生まれてきただけで存在の意味はある。引き取らない理由はなかった」と貴。

夫婦だけの自由な生活は一変し、子育てに追われるように。鈴子は聖生が自分に愛着を持ってくれるか、自信がなかった。でも、周囲から「ママを追い掛けて、大好きなんだね」と言われ、親としての実感が湧いた。

実の母親は自分の手で育てたかったが、周りのサポートを受けられず、手放さざるを得なかったと聞いた。その母親とは連絡を取り合っている。いつか告知をする日のために、手紙も預かった。

「産んでくれたお父さんとお母さん、パパとママの私たち。この子には2倍の祝福があるんです」。鈴子はほほえんだ。

奈良市のNPO法人「みぎわ」を通じ特別養子縁組をした聖生を抱く船渡川貴と鈴子＝札幌市（撮影・深井洋平）

みぎわ理事長の松原《まつばら》宏樹《ひろき》（52）は、奈良キリスト教会の牧師でもある。子どもの虐待が社会問題化する中、２００８年に教会付属幼稚園を立ち上げた。命を救いたいとの思いから、人工中絶の問題や特別養子縁組にも本格的に取り組み始め、18年から今年２月までに４人の子どもを家庭に送り出した。

みぎわには多い月で６、７件の相談が寄せられる。ほとんどは、妊娠中に障害があることが分かり、どうしたらよいかとの内容だ。松原は「障害がある子は受け入れ先が少ない。同じ命なのに、スタートラインから当たり前の幸せを受けられない現実がある」と話す。

▼分け隔てなく

実子と養子を分け隔てなく愛せるだろうか。埼玉県富士見市の山下《やました》知恵《ちえ》（32）は、こんな疑問に直面した時期があった。幼稚園児の長男（６）と、みぎわを介して迎えたダウン症の次男（１）がいる。

だが、２人の男の子を持つ母親から「自分のおなかから生まれた子でも、兄弟を同じように扱うなんて無理」と言われ、気持ちが楽になった。

長男は次男が家に来る日を心待ちにしていた。最近は、おもちゃを取り合ってけんかすることもあるが、幼稚園から帰ると、ぎゅっと次男を抱きしめて笑顔を見せる。

山下の夫の真実《まこと》（33）は、保育園や小学校が受け入れてくれるかなど、障害がある子を育てる厳しさも感じている。「経済的に難しい場合もある。家族の在り方を社会全体で考えることができるようになれば」と願う。

特別養子縁組を始める際、みぎわの松原は心に決めていたことがある。障害が重く、医療的ケアが必要で、引き受け手が見つからない子がいたら、自分で育てよう――。それが大和《やまと》（1）だった。

昨年6月、東日本にある病院で、新生児集中治療室（ＮＩＣＵ）から出てきた大和を抱きしめると、目を閉じたまま微動だにしなかった。「全てを理解した上で、身を預けようとしているのではないか」と感じた。

▼優生思想

大和は出生前の超音波検査でダウン症や心臓疾患が判明。実の母親が「会える日を楽しみにしているね」とつづっていた母子手帳はその後、白紙になった。インターネット検索でみぎわにたどり着いた母親は当初、「死んでほしい」と話したが、松原が説得した。

大和が救急車で大阪市の病院に転院した時には、実の両親も付き添った。2人は最後に1度ずつ抱っこして、「よろしくお願いします」と言い、わが子を松原に託した。

障害があると、買い物にも連れて行けないのではないか。将来に希望が持てないのでは――。松原は、親が抱える不安の背景には、障害者への偏見や、障害者を社会から取り除こうとする優生思想があるとみる。

大和は現在、酸素吸入のチューブを24時間装着しており、週に2回は看護師が自宅を訪れる。成長するにつれ、わがままを見せるようになり、松原の妻の斉子《なおこ》（53）は世話に戸惑うこともある。しかし、成人した3人の子は、年の離れた弟を熱烈に歓迎している。

松原は力を込めて言う。「障害は子どもが望んだわけでも、非があるわけでもない。社会に必要とされ、愛されて大きくなるんです」

いつか、レストランで、大和とお子様ランチを食べる。それが松原家の目標だ。

（文・田中なつみ）

◎戸籍上も親に

生みの親との法的関係が残る「普通養子縁組」と異なり、「特別養子縁組」は戸籍上も養父母が親となる制度だ。生みの親の同意など要件を満たし、家庭裁判所の審判を経る必要がある。民法改正で今年4月、対象年齢が原則6歳未満から15歳未満に引き上げられた。

「みぎわ」によると、相談者の中には「実の子どもなのに愛せない」と自分を責める親もいる。また、統計はないが、障害がある子の特別養子縁組はほとんど成立していないという。

子どもを養育する制度には、里親もある。この場合は生みの親に親権があり、里親は一時的に家庭で預かり育てる。

新たな発想で挑戦——地域に根ざす若い後継ぎ

「大きい鶴なんか折りたい人がいるか」。「いる。玄関、床の間に飾れば、かっこいいインテリアになるから」。小嶋織物の社長室兼応接室で、同社３代目社長小嶋一《こじまはじめ》（62）に、一の娘で社員である小嶋恵理香《えりか》（33）は、新しい商品企画「織《お》り折《お》り紙《がみ》」の趣旨を熱く語った。

▼私の責任

京都府木津川市に拠点を置く同社は１９３２年創業のふすま紙の老舗だ。かつてこの辺りで栄えた蚊帳生産に源流を持つ。レーヨンや天然素材の綿、麻を織り、それに紙を貼り合わせた「織物ふすま紙」「織物壁紙」を製造している。自然な風合いが持ち味だ。

恵理香は、それを縦横90センチの正方形に裁断して売り出そうとしている。室内装飾用の大きな鶴や花細工などを作る「折り紙」としての需要を見込み提案した。小嶋の通常の取引先は事業者だが、これは直接、消費者に向けて販売する試みだ。

恵理香は３姉妹の長女。大学卒業後の２０１０年、東京のテレビ番組の制作会社に入った。30歳になれば地元に戻って婿を取り、主婦になるつもりだった。それまでの短期間で、いろいろな世界を見ることができると思い選んだ業界だった。

だが入社２年後の夏に亡くなった祖母の葬式に仲が良い一族が集まっているのを見て、ふと思った。「『小嶋

小嶋織物の工場で小嶋恵理香。父の一（左）とは「けんかもするが、話は聞いてくれる」と言う＝京都府木津川市（撮影・武隈周防）

家』をつないで行くことが私の責任」。親戚にせっつかれたわけではない。

▼4代目の椅子

その年の秋に制作会社を辞め、実家に戻った。「腰掛け」の気持ちだったが欲が出てきて、何より「仕事より婚活」という父親に認められたくて、仕事に打ち込んだ。

大手コーヒーチェーン店舗への壁紙の納入、生活雑貨メーカーと協業で織物を使ったバッグの商品化、複雑な柄をあしらう大型プリンター……。少しずつ新規事業で実績を積み上げた。「違う発想が小嶋を守ることになるのかも」。織り折り紙もその一つだ。

今、一の心は揺れている。社長以前にやはり父親。小嶋の名を捨ててもいいから、まずは「結婚してほしい」。一方で引き際の70歳までに「レールをつくるのが私の仕事」との気持ちも強い。現在平社員である恵理香に肩書を付け、そして後継指名することも頭にちらつき始めた。

心配だらけの一。「仕事は一人ではできない」。自分が歩んだように、周りを固めるスタッフを社内でつくれるか。恵理香は外への発信は得意だが、工場でひっきりなしにカタカタ動く織機《しょっき》や、生地に紙を貼り合わせる裏打機といった「心臓部分」で汗をかいていない。スタッフ45人、年商8億円に上る小嶋を発展させるリーダーに育てなければならない。「物づくりの会社。現場の苦労が分かる人間になってほしい」。一の弟で常務の宏昌《ひろまさ》（57）は、あえて叱り役を引き受けている。

正解が分からず、不安が募った恵理香は2年前、家業の後継者候補が集まり、ビジネスプランを競う大阪でのイベント「アトツギソン」に参加した。みんながもがいている姿を見て「自分もぶつかっていい。主張していこう」と自信を得た。「私以上に継いでいきたいと思う気持ちが強い人が現れるのか」。最近、4代目の椅子を意識し始めた。

▼たまり場

紀伊半島西部、人口1万2千人に満たない和歌山県湯浅町。県の太平洋沿岸部を走る国道42号線沿いのガソリンスタンドに、次々に自動車が滑り込んでいった。迎えるのは有田石油の専務、薮野《やぶの》睦士《あつし》（31）の満面の笑みだ。

睦士は高校3年の時に継ぐことを決めた。姉との2人きょうだい。親から「継げ」と言われたことはなかった。だが、サラリーマンになる選択肢は考えなかった。ただただ客とのコミュニケーションを大事にするおやじが「粋でかっこいい」。父で社長の潔《きよし》（68）の背中を追った。

「大学を出たら家業に入りたい」。切り出された時、潔は感じた。「本気だな」。車の燃費向上による給油量の減少で、経営環境は厳しい。正社員は5人ほどだが、その家族の生活まで背負うことになる。でも、本音は「うれしかった」。

整備、板金、車検、車の販売。睦士は給油以外でも客に頼られ、地域に根ざした場所を目指す。何かしら魅力を感じてもらって、地域の人々が集まってくる「たまり場」が理想だ。

睦士は古参従業員との対話も重視した上で、少しずつ仕掛けている。事務所に臨時でカフェをつくったり、車に落書きをする子ども向けイベントを催したり。「めっちゃ地味」と謙遜するが、手応えは感じている。

睦士は今、都会で一流企業に入ったサラリーマンに胸を張ってこう言える。「こっちはもっと生き生きやっている」

（文・長村勝彦）

◎6割以上が後継者不在

中小企業基本法によると、例えば製造業では資本金3億円以下または従業員300人以下が中小企業に該当する。中小企業白書によれば、全企業の99・7%が中小企業。帝国データバンクの2019年の調査では、後継者不在の中小企業は66・1%に達した。

中小企業庁は現状を放置すると廃業が急増し、25年までの10年間で約650万人の雇用が失われる可能性があると指摘。少子化に加え、職業選択の多様化や家業の将来性への不安から、継ぐことや継がせることをためらうケースが多いという。

最近は、若い世代が家業の経営資源を活用し、新規事業に挑戦して前向きに継ぐ「ベンチャー型事業承継」が注目を集めている。

㉕フリースペース　2020／6／20

生きているだけでいい――不登校の子らが通う

土の山を崩し、どろんこになって遊ぶ。刃物を使って遊具を作ったり、たき火をしたり。ＪＲ南武線の津田山駅に近い「川崎市子ども夢パーク」には、１日平均二百数十人の子どもが訪れる。

「禁止事項なく遊べる場所です。何をやっても怒られないから、安心して失敗できる」。所長の西野《にしの》博之《ひろゆき》（60）が笑う。

▼自由

約１万平方メートルの敷地の一角には「フリースペースえん」がある。ゲームに熱中する子がいれば、ギターを弾く若者も。学校に行かない児童生徒らが、思い思いの時間を過ごす。何もしなくても、かまわない。昼食は、みんなで料理する。

中学２年生の吉岡《よしおか》潤《じゅん》（13）＝仮名＝はスタッフと英語の勉強を始めた。小３の時、「疲れちゃって」不登校に。今は毎日のように、えんに通う。

「ここは自由。自分で決めて動ける」。英会話や科学、アフリカの太鼓など、さまざまな講座も開かれ、「学びのきっかけ」が多い。

「学校だと『そういうの、あるんだ』で終わるけど、ここは体験できる。英語に触れたことがなかったから、興味を持った。勉強から離れてたんで、高校受験に向けて、やってみようかなって」

えんに中3から出入りする高野《たかの》郁己《いくみ》（24）は「居心地がいいんですよ。素の自分を出せる」と言う。「小学生から大人まで、いろんな人がいるから楽しい。スタッフは学校の先生みたいに圧をかけず、聞けば答えてくれる」

アルバイトをしながら今春、一度辞めた定時制高校に再入学した。えんで温かな人間関係を経験し、「介護とか保育とか、人に関わる仕事がしたい」と意欲を示す。

▼自分で歩く

西野は大学卒業後、学習塾やフリースクールで働いた。不登校が「甘え」と非難され、戸塚ヨットスクールのような矯正施設が各地にあった時代。追い詰められた子どもと出会う。登校できず、「僕、もう大人になれない」と泣いた小1の男の子。不登校のため、無理心中に巻き込まれそうになった中2の女の子。

「学校に命を懸けることはない。子どもには、教育の前に、安心できる居場所が必要だ」。西野は１９９１年、川崎市の多摩川沿いのアパートに「フリースペースたまりば」を開設した。

カリキュラムはない。やりたいことは「この指とまれ」で決める。「大きなお世話は焼かない。大人が先回りして、道をつくらなくても、子どもは、ほっとできれば、自分で考えて歩きだす」。そんなたまりばには、行き場のない子どもが関東各地から集まった。

当初は「学校の敵」と目されていた西野だが、たまりば出身者が高校や大学に進んでいることが注目され、川崎市の子どもの権利条例を検討する有識者会議に招かれる。２０００年に制定された条例は、子どもには、ありのままの自分でいられて、自由に遊べる「居場所」が大切であり、市はその確保に努めると宣言した。

条例に基づき、市は03年に夢パークを設立し、西野が理事長を務めるＮＰＯ法人に一部運営を委託。たまり

「フリースペースえん」の児童生徒らは幅広い世代のスタッフと交わりながら、自分自身の居場所を模索する。昼食時にも和やかな会話が絶えない＝川崎市（撮影・萩原達也）

ばは、えんとして再出発し、会費を払うことなく、無料で利用できるようになった。利用登録した約150人の中には、貧困家庭の子や障害児も少なくない。

▼自己肯定感

不登校について、政府も近年は学校復帰にこだわらず、校外での支援を強化してきた。だが、不登校の根っこにある子どもの自己肯定感の低さは「この30年間、一切変わっていない」と西野は断言する。

「社会格差が拡大し、貧困と過干渉の二極化が進む。同調圧力はむしろ強まり、子どもも親も世間の目を気にして生きている。正しさを求め、完璧を目指して、少しの隙間も許さないのは危険だ」。特に、新型コロナウイルス感染症の流行で「閉塞《へいそく》感がピークに達している」と懸念する。

実際、西野が関わりながら、自ら命を絶った子どもは、片手では足りない。「助けて」と口に出せない子もいる。

備品を壊す。おなかをすかせている。何日も同じ服を着ている。家に帰りたがらない……。言葉にならないSOSだ。西野は痛切な悔恨を胸に、それをキャッチしようと日々、耳を澄ませる。

コロナ禍で他の施設が軒並み閉鎖される中、夢パークはボールの貸し出し中止などの対策を取った上で、緊急事態宣言中も扉を開き続けた。「閉めた方が、責めは負わない。でも、ここはオープンしたときから、居場所のない苦しい状況の子が利用している。何としても、開けていなきゃいけない」と西野。

えんでは、子どもを評価せず、寄り添い、その子にとって面白いこと、得意なことを一緒に見つけていく。

西野が子どもたちに伝えたいメッセージは、シンプルだ。「学校に行く子も、行かない君も、生きているだけで、いいんだよ」

（文・原真）

※　西野は21年春、夢パークの所長を退き、総合アドバイザーに就いた。

◎小中で16万人超える

文部科学省の調査によると、不登校の小中学生は２０１８年度、16万人を超え、児童生徒数が減る中、６年連続で増加した。小学生では１４４人に１人、中学生では27人に１人に当たる。

いじめや暴力行為も増え、低年齢化の傾向にある。小中高校の自殺者も３３２人に上り、子どもたちの置かれた環境の過酷さをうかがわせる。

16年成立の教育機会確保法は、不登校の児童生徒の「休養の必要性」を認め、「学校以外の場」での学習を国や自治体が支援すると明記した。文科省は昨年の通知で、教育委員会の教育支援センター、民間のフリースクールなどで、多様な教育機会を確保する必要があると指摘している。

㉖多文化の街

日韓越、交錯する人生――変わる東京・新大久保

2020／6／27

コリアンタウンとして知られる東京都新宿区の新大久保地区。韓国料理店が並ぶ路地の奥に、その店はあった。「コギちゃん」。豚の三枚肉サムギョプサルの焼き肉や、甘辛い韓国風唐揚げのヤンニョムチキンが、若い日本人女性客らに人気だ。

調理場では韓国人が働き、日本人とベトナム人が接客に当たる。多文化の街を象徴するような店のオーナー、ズオン・アン・ドゥック（30）もベトナム人である。

▼いきなり起業

ドゥックはベトナム中部ハティンで生まれ育った。母国の大学を卒業後、「経済が発展した日本なら、いろいろチャンスがあると思って」２０１３年に来日した。

居酒屋などでアルバイトをしながら日本語学校に通い、専門学校で経営を学ぶと、いきなり起業する。新大久保に、卵黄と練乳を加えたベトナム風エッグコーヒーの店を出したのだ。

「この辺りは、留学生とかベトナム人が多い。集まれる場所が欲しかった。ベトナムでは、友達と会うときや食事の前後には、カフェに行くんです」

店舗を探して不動産屋を回ったが、「外国人お断り」の大家が多く、インターネットで物件を見つけて契約した。この店が軌道に乗るや、「新大久保と言えば、やっぱり韓国のイメージ」とコギちゃんも開業。同業者がし

経営する韓国料理店で自慢のサムギョプサルを勧めるズオン・アン・ドゥック＝東京都新宿区（撮影・牧野俊樹）

のぎを削る中、低価格の食べ放題プランで若年層をつかんだ。

新型コロナウイルス感染症の影響で収支は厳しいものの、近所にベトナム料理店も開いた。人材紹介業や不動産業への進出も準備している。

同郷の妻、日本で生まれた子ども2人と新大久保で暮らす。「交通が便利だし、外国人が多くて住みやすい。まだ決めたわけじゃないけど、ずっとここにいたい」

在日ベトナム人や、ベトナムに関心のある日本人が交流する「東京ベトナム協会」に参加している。その協会設立を主導したのは、韓国人だった。

▼懸け橋

ソウル生まれの朴相範《パクサンボム》（47）。兵役に就いていた時、先輩の勧めで日本語を学び始めた。「歴史的な背景があるから、親世代はいい顔をしないが、日本のファッションに興味があった」。１９９７年に来日し、日本の大学を出て、東京の商社に勤める。

ベトナムでの資材製造工場開設のため、ハノイ郊外へ赴任。「ベトナムには縁も何もなかった。異文化には慣れているつもりだったが、ギャップが大きかった」。激務が続き、プライドの高いベトナム人スタッフと衝突して、胸ぐらをつかまれたこともある。それでも、次第に打ち解け、週末にはスタッフの自宅で食事を共にするように。

２０１４年に東京に戻ると、「毎日同じような仕事で、刺激がない」と感じた。たまたま新大久保を訪れ、ベトナム人が急増しているのに驚く。

自身も学生時代、新大久保の焼き肉店で働き、周囲にあった韓国語情報紙を重宝していたのを思い出した。「家探しやバイトの情報をベトナム人も必要としているのでは」。独立して、日韓ベトナムの「懸け橋」をうたう会社ドリームパークを新大久保に設立。ベトナム語情報紙を創刊した。

さらに、ベトナムに進出した韓国系企業から日本へ資材を輸入し、日本の建設会社によるベトナム人技能実習生の受け入れを支援するなど、事業を拡大している。

ベトナム人の部下からは「朴さんは静かに仕事をしていると日本人で、怒ると韓国人ですね」と言われる。「異なる文化の人と会うのは面白い。こっちの常識が向こうの非常識のことも。いつの間にか、それを吸収できるようになった」と朴。

▼国際化

韓国、ベトナムだけではない。中国、ネパール、台湾、ミャンマー……。新大久保には、各国の料理店や雑貨店が軒を連ねる。なぜ外国人が集まるようになったのか。

戦前から、留学生を支援する国際学友会日本語学校（現日本学生支援機構東京日本語教育センター）があり、今も日本語学校や専門学校が多いのが、一つの要因だ。１９８０年代以降は、隣接する歓楽街・歌舞伎町で働く外国人ホステスらも住み始める。多国籍人口の膨張につれ、外国人向けの店も増えていった。

ラブホテル前で外国人女性が客引きをしたり、排外主義のヘイトデモが押し寄せたりして、社会問題化した時期も。近年は韓国の化粧品や韓流ドラマ、Ｋ－ＰＯＰ関連雑貨を求めて観光客が詰めかけるなど、街はダイナミックに変化している。

地元の日本人と外国人の交流が生まれ、各国文化を紹介する祭りも昨年始まった。ただ、新大久保のまちづくりに関わってきた法政大講師の稲葉《いなば》佳子《よしこ》（65）は強調する。

「多様性といえば美しいが、外国人と付き合うのはしんどいこともある。新大久保の人は時間をかけて多文化を日常にしてきた。国際化とは、日本人が変わることだ」

（文・原真）

◎外国人は人口の２％強

出入国在留管理庁によると、日本に在留する外国人は２０１９年末、過去最高の約２９３万人に達し、全人口の２・３％を占める。新大久保の中心となる４町では、住民の４割近くが外国人だ。

全国の在留資格別では「永住者」が最も多く、働きながらの技術習得が建前の「技能実習」、アルバイトに励む学生を含む「留学」、在日コリアンらの「特別永住者」と続く。

先進国の人材獲得競争が激化する中、政府は昨年、在留資格に「特定技能」を新設し、いわゆる単純労働者を正面から受け入れ始めた。だが、特定技能も「移民政策ではない」として５年間は家族の帯同を認めず、手続きが煩雑なこともあり、入国は進んでいない。

独創性生かすものづくり――ありのままを大切に

深い緑に包まれた約9千平方メートルの広大な敷地に、木をたたく軽妙なリズムがこだまする。思い思いに土をこねたり、色とりどりの刺しゅうをしたり。作業に打ち込む利用者たちの表情は、みな柔和で、どこか誇らしげに見える。

鹿児島市郊外の住宅街にある知的障害者支援施設「しょうぶ学園」。一人一人が持つ独創性や感性を、健常者の論理で矯正することなく、そのまま受け入れて生かし、木工や絵画などのエネルギーあふれるものづくりに取り組んでいる。

▼好きなこと

幅2メートルほどの大きな白い布地に、鵜木《うのき》二三子《ふみこ》(46)がフェルトペンで彩色を施していく。筆遣いに迷いはなく、あっという間に鮮やかな色で埋め尽くした。近くに立てかけられた絵画の中では、多くの人が大きな瞳を輝かせている。「絵を描いている時間が一番好き」。まぶしい笑みがこぼれた。

鵜木は別の施設への短期入所や通所を経て5年前、しょうぶ学園に入った。当初は陶芸の工房にいたが、職員に似顔絵付きの手紙を頻繁に送る様子を統括施設長の福森《ふくもり》伸《しん》(60)が目にして、絵画に誘った。今では園内のギャラリーで個展を開いたり、各地の展覧会に出品したりするまで、才能を開花させた。

学園での暮らしはどうですかと記者が鵜木に尋ねると、「私は幸せだよ。お兄さんは?」。よどみなく答え、

自らの作品に囲まれて制作に励む鵜木二三子。しょうぶ学園で絵の才能が開花した＝鹿児島市（撮影・藤井保政）

真っすぐなまなざしで、こちらを見つめた。

現在の障害者福祉は、できないことをできるようにすることに焦点を合わせすぎていると、福森は考える。

「本当の意味での自立とは、健常者の社会に障害者を組み込むことではなく、自己実現に向かうことではないか。好きなこと、やりたいことを一緒に見つけて、環境を整えることが、自立支援の８割を占める」

福森は学園内を回り、創作活動に没頭する利用者たちに声を掛ける。「気持ちのいい天気だね」「面白いね、何それ？」。そのやりとりに上下関係は感じられず、対等な視線と立ち位置が伝わってくる。

▼純粋な表現

しょうぶ学園は１９７３年、福森の両親が開設した。当初は自立支援の一環として、鹿児島県・奄美大島特産の大島紬《つむぎ》や竹細工製造、食品加工の下請けを担っていた。

福森は東京の大学を卒業後、米国放浪などを経て83年に学園に就職。自ら木工に携わる工房を立ち上げた。採算が合うようになれば将来、工房を独立させることも考えていたという。

独学で習得した作り方を利用者に教え、家具などの商品を一緒に作った。だが、与えられた下請け作業や、生産性を求められる仕事をこなす姿に、違和感を覚えるようになる。

利用者が木材に付けてしまった傷を装飾と捉え、食器やお盆に仕上げると、ぬくもりのある唯一無二の作品が生まれた。評価されることを求めずに描いた本能むき出しの絵は、見る者の心を揺さぶった。

「社会的な価値や称賛を目的としない、純粋な表現行為こそが、ものづくりではないか。その手助けをしよう」

２００３年に施設長に就任し、ものづくりを学園の活動の柱に据えた。木工、陶芸、刺しゅう、和紙・絵画造形の四つの工房に分け、利用者の希望や適性に応じた表現の場を提供している。

▼ふぞろい

学園には、利用者と職員混成の打楽器グループがある。指揮者は、音楽経験のない福森だ。楽譜はなく、本能のままに楽器を奏で、思い切り叫ぶ。「ふぞろいさ」を個性と捉え、味のある演奏へと生かしていく。

「学園の考え方が凝縮されているかもしれませんね」と福森。各地の音楽祭に招かれ、オリジナル曲が人気アパレルブランドのテレビＣＭに使われた。

自宅やグループホームから通園する人を含めると、学園には現在、１６０人ほどが集う。創設から半世紀近くが過ぎ、利用者同士が新たな家庭を築いたり、本人の希望で生涯を学園で閉じたりするケースも少なくない。

昨年、未就学児の発達支援や、小学生から高校生までの放課後デイサービスを行う施設を新設するなど、幅広い世代の居場所づくりを続けている。

「ＳＨＯＢＵ　ＳＴＹＬＥ」と総称される施設群は、地域に開かれ、入り口に門や扉はない。利用者が接客や調理を担当するカフェ、パン屋、そば屋も併設。週末には家族連れやカップルが訪れ、園内を散策したり、ロバや羊が傍らで過ごす芝生に腰を下ろしてくつろいだりしている。

福森は願う。「ありのままでいられるところは、障害の有無にかかわらず心地よい場所。そんな社会になればいいのに」

（文・久納宏之）

◎働いているのは1割以下

厚生労働省が２０１８年に実施した障害者雇用実態調査によると、従業員５人以上の事業所に雇用されている障害者は全国で約82万人。内閣府の推計で約９６４万人いる障害者のうち、８・５％にとどまる。

職種を見ると、知的障害者は生産、発達障害者は販売、精神障害者はサービス、身体障害者は事務関係が多い。賃金は知的障害者が月約11万7千円と、他の障害者よりも低めだ。

一般企業で雇用されることが難しい障害者は、就労継続支援事業所（作業所）で働くが、雇用契約に基づく労働が困難な場合、「工賃」などと呼ばれる報酬が最低賃金を下回ることが少なくない。

㉘洋楽も邦楽も

2020／7／11

たどり着いた二刀流——ウィーン留学の音曲師

「When you wish upon a star」——。ディズニー映画でおなじみの「星に願いを」を歌ったかと思えば、三味線を弾きながら端唄《はうた》の「長崎さわぎ」をうなる。「よいやさーよいやさー」。その次は何と、胴の部分を上に三味線を持ち上げてバチをかき鳴らし、ジャズのスタンダードナンバー「キャラバン」に続けた。

▼師匠の遺志

和洋入り交じりの演奏に違和感はない。それぞれが共鳴し合い、一つのうねりになっていく。ステージの中央で演奏をリードするのは松本優子《まつもとゆうこ》（47）。毎年、高校の吹奏楽部の同級生らと開くコンサートには多くのファンが集まる。松本の「二刀流」で東西の音が融合、演奏はボルテージを上げ会場は熱気に包まれる。

三味線の腕が確かなのは当然で、松本の本業は音曲師《おんぎょくし》。寄席で落語や漫才の合間に高座に上がり、三味線を弾いたり唄をうたったりする。普段は三代目桂小文治《かつらこぶんじ》門下の桂小《かつらこ》すみとして、東京の浅草や池袋の演芸ホールなどに出演。時折、都々逸《どどいつ》などの合間に、米歌手マライア・キャリーなどの曲を三味線で演奏しながら日本語の替え歌で歌う。

「華がありオーラも出ている。本人が楽しんでいることが分かるから、お客も心から楽しめる」。松本との共演も多い落語家の桂夏丸《かつらなつまる》（35）は、松本の魅力をこう語る。

２０１８年までの14年間、松本は寄席のおはやしとして活動を続けてきた。高座に対して下座《げざ》と呼ばれる。主役はあくまで落語家。登場する際に舞台のそでで三味線を弾き盛り上げる役回りだ。

松本はその境遇に不満だったわけではない。「おはやしをやっていれば、毎日演奏を勉強できる」。落語芸術家協会会長から、高座でのデビューを打診されたこともあるが、それを断っておはやしを続けてきた。楽器としての三味線を究めたいという思いが強かった。

高座に転じたのは、その後、稽古を付けてもらった師匠の遺志を実現するためだった。指導した三味線漫談の玉川《たまがわ》スミは松本の才能にほれ込み、「おまえさんの初舞台を見るまでは死ねない」と松本の高座デビューを心待ちにしていたが、弟子の晴れ姿を見ることはかなわず、12年に没した。

▼中国琵琶

そんな松本だが、これまで邦楽一筋だったわけでは全くなく、学生時代は洋楽漬けの毎日だった。横浜市出身で5歳からピアノを始め、中学、高校でも吹奏楽部でフルートなどになじんでいった。

東京学芸大音楽科3年の時には、ウィーン国立音楽大に留学。ミュージカル専攻で2年間、歌と演劇、バレエやジャズダンスなど踊りのレッスンに明け暮れた。

中学の恩師の勧めもあり、音楽教師になりたかった。音楽だけではなかなか食べていけないが、教員なら、音楽を続けながら安定した収入を得られるからだ。しかし、当時は就職氷河期。音楽教師は応募数約２００人に対し1人の狭い枠で、受験は見送った。

１９９７年、1年限りの臨時採用の教師として勤めていた頃に、耳にした中国琵琶の音色が、松本のその後の人生を決定付けることになる。

コロナ禍で休業を余儀なくされていた寄席は約２カ月ぶりに再開。久々の楽屋で三味線を手にする音曲師・桂小すみ（松本優子）＝東京・浅草演芸ホール（撮影・萩原達也）

作曲家三木稔《みきみのる》の作品を演奏するコンサート。オーケストラと中国琵琶が織りなす協奏に衝撃を受けた。「これを三味線でやりたい」。大学のサークルで、同じ弦楽器である三味線を少しかじっていた松本は、ここで一気に三味線に引き込まれる。大御所的存在だった杵屋佐之忠《きねやさのただ》に弟子入り、国立劇場の寄席はやし養成課程にも入り、来る日も来る日も弦をはじいた。

自分の生活から一切の洋楽を締め出した。究めたい三味線の演奏や長唄に悪影響が出ると思ったからだ。「洋楽が交ざると良くない。切る必要があった」

▼16年間封印

音楽仲間の友人が２０１２年、病気で長男を亡くした。どうしたら慰めることができるだろうか。「音楽だ。私たちには音楽がある」。恒例になっていた邦楽コンサートの場を利用した。異例だが洋楽のプログラムを盛り込み、この友人を歌手として招いた。

松本も友人に寄り添い、ピアノを演奏し歌を歌った。マスカーニの「アベ・マリア」、ベルディのオペラ「リゴレット」……。16年間封印していた洋楽が、すーっと体に入ってくる。癒やされた。洋楽は三味線と対立するものではない。互いが高め合えるものだった。「どちらも私の音楽」と感じた。

新型コロナウイルス感染拡大防止のための緊急事態宣言が解除され、寄席が再開した6月、松本は2カ月ぶりに高座に上がった。ベンベンベン。景気のいい三味線が響く。長唄はいつものように滑らかだ。「また、みなさまにお目にかかれて、幸せです」。桂小すみの音楽人生はまだ序の口、始まったばかりだ。

（文・高山一郎）

◎寄席のおはやし

テケテンテン――。寄席で落語家が高座に上がる際にかかるおはやしは、三味線や太鼓、笛、かねなどで演奏する。奇術や曲芸などが披露されている間の伴奏としても活用される。三味線奏者は女性のみ、太鼓は前座の芸人がたたく。

落語家ごとに曲目が違い、個性や芸風が読み取れる。寄席の雰囲気を醸し出す重要な音楽だ。

国立劇場が演奏者を養成しており、参加者は2年間の研修を経て、落語芸術家協会などに所属し寄席などで演奏することになる。

地域の公民館などで催される「落語会」などでは、事前に録音したおはやしを再生して済ますこともある。

㉙再出発の菜園　2020／7／18

畑で自信を取り戻す――農業学んで就職

神奈川県藤沢市の郊外。広々とした畑にキュウリ、ナス、ニンジンなど、さまざまな作物が植えられている。株式会社「えと菜園《なえん》」が運営する体験農園だ。

週末は野菜作りを楽しむ近隣住民らでにぎわうが、平日は10人ほどが黙々と農作業にいそしむ姿を見かける。ひきこもりの人、生活保護を受給する人、精神的な病に苦しむ人……。

「行き場のない人たちが、農業を学ぶことで自信を取り戻し、就職しようかなという気になる。そんな場所です」。えと菜園の社長、小島希世子《おじまきよこ》（41）が説明する。

▼消費者との距離

小島は教員の両親の元、熊本県の農村で生まれ育った。自宅になかったトラクターのある農家に憧れる。小学生の時、テレビ番組でアフリカの飢える子どもを見て、衝撃を受けた。「将来は農業をやって、世界の人々を飢餓から救おう」と志す。

慶応大を卒業し、有機野菜の卸売会社などで働いた。２００６年に独立、農産物のインターネット販売を始める。顧客から「届いた大根に泥が付いている」と苦情の電話が入り、洗い方が不十分だったと謝罪すると、「大根って、土の中にできるの?」と聞かれた。

農家と消費者をつなげようとネット販売に乗り出したものの、畑と食卓の距離は予想以上に遠いと痛感した。「消費者を生産現場に引っ張り出して、理解してもらうしかない」。土地を借りて体験農園を開き、「農スクール」も設けた。

だが、利用者が来ない平日に、畑の世話をする人手が足りない。小島はホームレスの支援団体に声を掛けた。「仕事を探しているホームレスの人と、働き手を求める農家は相性がいいのでは」と考えたのだ。

実際、えと菜園で農業を学んだホームレスの人が、次々に職を見つけていった。さらに、ひきこもりをはじめ、困難を抱える人たちが農園を訪れるようになる。

「畑で自然に向き合っていると、人間社会だけが世界じゃないと分かる。小さな種をまいて、収穫したものを食べるまでを経験すれば、自分にできることがあるんだと感じられる。結果として、就職率が高くなった」。小島は語る。「不思議なんですよ、農業って」

▼作物に表れる

小沢《おざわ》修太《しゅうた》（32）も、えと菜園から巣立った一人だ。

静岡県の中学生時代、「悩みとかあって」登校しなくなった。心機一転、進んだ高校でいじめに遭い、中退。工場などでアルバイトをしたが、長続きせず、20歳の頃から家に引きこもった。

自立支援施設の門をたたいても、家に帰ると、また外へ出なくなる。「このままではいけない。常に思っていたけど、どうにもならなかった。働かないのはくずだと感じているのに、働けない」

一昨年春、ネットで、えと菜園を見つけた。「農業だったら、自然相手で人と関わらないし、いいんじゃないか」。重い腰を上げ、車で片道2時間半かけて通い始めた。

農園では、同じような立場の人たちと出会う。「気持ちが軽くなった。やさしい人に触れて、自分もやさし

小松菜の有機農園で働く小沢修太。日に焼けた顔に笑みがこぼれた＝前橋市（撮影・藤井保政）

くなった」。手を掛けるほど「作物に表れる」農業の面白さも実感した。

小沢は小島の紹介で4月から、前橋市の株式会社「プレマ」の正社員として、小松菜の有機農園で働いている。「慣れないから大変。でも、働く機会が与えられただけで、うれしい」。日焼けした顔をほころばせた。

プレマ社長で、「癒やしの食事」を推奨する日本ヒーリングフード協会の理事長も務める飯野《いいの》晃子《あきこ》（40）は「小沢君は本当に真面目で、よくやっている。頑張ろうという気持ちがあるから、今後も成長できる」と期待する。

小島は「いったん働けなくなると、自分は駄目だと思ってしまう人が多い。でも、ちょっとしたきっかけがあれば、一歩踏み出せる」と話す。

▼多様性

えと菜園では、農薬や化学肥料を使わずに野菜を栽培している。害虫が増えすぎれば、天敵が捕食してくれる。雑草が伸びたら、短く刈って作物の根元に置くと、肥やしになる。

「虫や草を含め、畑の多様性を保つことで、生命が循環して、作物が育つ。生産量のコントロールは難しくなるが、大事なのは、折り合えるところを見つけて、共存すること」

小島は、そんな農業と人間社会には通じるものがあると考えている。「ひきこもりのように、資本主義になじめない人も、折り合いが付いたら能力を生かせる」

近年は国や自治体も、障害者らが農業に取り組む「農福連携」を推進するようになった。小島の活動に追い風が吹く。「事業を継続し、発信していくことが、力になる。焼け石に水でも、かけなきゃ始まらない」。小島の最終目標は今も「飢餓の撲滅」だ。

（文・原真）

◎広がる農への関わり

高齢化や担い手不足で農家が減り続ける中、食の安全や環境への意識の高まりから、仕事以外で農業に関わる人は少なくない。手軽なベランダ菜園から、農家が指導する体験農園、自治体や農協が農地を貸し出す市民農園、宿泊施設を備えた滞在型市民農園（クラインガルテン）、退職後に田畑を耕す定年帰農まで、形はさまざまだ。

一方、農業と福祉が協力して、農村での生産を維持するとともに、障害者らの社会参加を促す農福連携も盛んになってきた。政府は昨年、農福連携を推進する省庁横断の会議を設置し、農業法人や社会福祉法人、ＮＰＯ法人の活動に助成金を出すなど支援している。

㉚紛争地へ

「知る責任」果たすために——危険に分け入り、伝える

2020/7/25

目隠しを着けたまま、車に乗るよう促された。英語で「もう安全だ」と声がする。たばこの臭いが鼻を突いた。長い拘束期間中、周囲に喫煙者は一人もいなかった。気がつけば車内の会話もアラビア語ではない——。

中東シリアで武装勢力に3年4カ月拘束されていたジャーナリスト安田《やすだ》純平《じゅんぺい》（46）が、自らの解放を確信した瞬間だ。

いつまで続くか分からない人質生活を懸命に生き延び、2018年10月、トルコ経由で日本に帰った。だが、安田にとっての苦難は、これで終わりではなかった。

▼バッシング

帰国後、安田を待っていたのは「迷惑をかけるな」との非難だ。外務省にパスポートの発給を拒否され、提訴するとさらにすさまじいバッシングが起きた。人質になった落ち度への批判は当然だと思う。だが「迷惑だと言うのは、人と同じことをしろ、外れるな、ということか」と憤る。

安田は地方紙の記者を経て、03年のイラク戦争などを契機に紛争地の実情を伝えるフリーに転身した。07年にはイラク中南部のイラク軍施設に調理師として潜入し、外国から紛争地へ出稼ぎに来た貧しい労働者たちを取材、出版している。

安田がシリアで拘束されていた間、同業者と救出を模索したのが、アジアプレス・インターナショナルの

「日本に私の居場所はない」と安田純平。帰国後のすさまじいバッシングで外出にはマスク着用、今はコロナ禍のため目立たないのでほっとしている＝東京都内（撮影・藤井保政）

ジャーナリスト綿井《わたい》健陽《たけはる》（49）だ。安田が帰国後に浴びたバッシングには恐怖すら感じた。

「イラク取材で装甲車両に乗った際は、確かに怖かった。だが、それより恐ろしいのは、万一自分が人質になった場合の日本社会の猛烈な非難だ。家族も巻き込まれる」

▼いつも新しい

綿井も、戦争の実態を伝えたいと、危険に分け入り紛争地へ通う一人だ。イラク戦争で空爆されるバグダッドからの中継や、映像作品で数々の賞を受けた。

綿井には自分の作品が「人々に通じた」と実感した経験がある。19年3月、ドキュメンタリー映画「イラク　チグリスに浮かぶ平和」がカタールの衛星テレビ、アルジャジーラで放映された時だ。サウジアラビア、チュニジア、モロッコなど中東各国の視聴者から「あなたの番組を見た」「日本人がイラクを取材してくれてありがとう」との声が続々と届いた。

「戦争のニュースにあふれる中東だから、人々は見ないだろうと思っていたら違った。戦争被害の話は、いつも新しい。いくら訴えても、訴え過ぎることはない」

安田も、中東の紛争を第三者の日本人が客観的に伝える必要を感じている。「紛争地へ向かうときは好奇心でも、現場を知れば、帰って伝えるという使命感に変わる」

だが、シリアから帰国後は、迷惑論やデマに振り回され、「日本に居場所がない」とさえ言う。

▼世界の無関心

フォトジャーナリストの安田菜津紀《やすだなつき》（33）もまた「なぜ紛争地へ行く？」「なぜイラクやシリアのことを知らなければならない？」という声にさらされてきた。

高校時代に訪れたカンボジアが原点だった。大学生の時、来日したイラク人の青年と知り合い、遠い中東の紛争が身近な現実になった。

イラクで17年に取材していた時だ。負傷した子どもたちを救急病院で撮影していると、父親の一人が近付いてきた。「てっきり『撮るな』と言われるかと思った」。だが違った。父親は子どもを指さし「おまえにはこれが兵士に見えるか。見えないだろう。だったら写真をちゃんと撮って、伝えてくれ」と迫った。

紛争地の人々にも、家族で囲む食卓や学校生活のような日常があった。それが突然、無慈悲に暴力的に奪われたのに、世界は沈黙している。シリアでは「自分たちを一番苦しめるのは、世界の無関心だ」と聞いた。

安田菜津紀は、ジャーナリストの後藤健二《ごとうけんじ》が15年、シリアで「イスラム国」（IS）に殺害された直後、難民から聞いた言葉が忘れられない。

隣国ヨルダンの日本大使館前でろうそくをともし、地元ヨルダン人ら約１００人が後藤の追悼集会を開いた。「身近な人を戦争で失ったシリア人からは『ジャーナリストだって同じ市民じゃないか』と声を掛けられた。この感覚が欠如すると、自己責任という言葉が出ると思う」

日本人ジャーナリストが人質になるたびに噴き出す「自己責任」論に、安田菜津紀は強烈な違和感を覚える。「『自業自得』と同義で使われている。自己責任とたたくエネルギーがあるなら（紛争地を）『知る責任』に転換してほしい」

これまで紛争地だけでなく東日本大震災の被災地でも、主に家族をテーマに撮影してきた。今は、父のルーツである朝鮮半島を訪れたいと思っている。「在日」という大きな主語ではなく、「私」という小さな主語で足元を掘り下げ普遍的な主題を探る。それは紛争地でしてきたことと一続きではないかと感じている。

（文・軍司泰史）

◎大統領が出迎え

シリアでは２０１３年、フランス人ジャーナリスト４人が武装勢力に拘束され、翌年解放された。帰国する４人を空軍基地で出迎えたのは、当時のオランド大統領だ。

大統領は「フランスにとり喜びの日だ。フランスは、報道の自由に奉仕する国民を取り戻し、誇りに思う」とあいさつ、４人を抱擁した。

この国では珍しいことではない。大統領も出迎えを怠れば、世論の失望を招くと知っている。迷惑論の出番はない。

日仏の落差は、何だろう。報道の役割に対する、政府の認識の違いに起因するのではないか。安田純平さんへのパスポート発給拒否のような例は、他国では聞いたことがない。

㉛社会派カフェ　2020／8／1

被爆者らが語り継ぐ――平和の種まく憩いの場

人の波が絶えない広島市の平和記念公園から本川を渡ると、にぎわいが消える。その一角に立つ薄暗い雑居ビルの2階に「Social Book Cafe ハチドリ舎」はある。

6月26日、新型コロナウイルス対策の余波でがらんとした店内。店主の安彦恵里香《あびこえりか》（41）がパソコンのオンライン会議に集まった女性らに話し掛けた。「直接会うことはできないけれど、ぜひ岡本さんと友達になってください」

安彦の隣に座る被爆者の岡本忠《おかもとただし》（76）がゆっくりと語りだす。「世界には今も核兵器が1万発以上存在しています。これからお話しすることは昔話ではありません」

▼差をなくす

広島原爆の日にちなみ、毎月「6」のつく日に被爆者との交流会を開催する。核問題にとどまらず紛争や貧困、気候変動などについて学び、考え、語り合える「社会派カフェ」だ。

店名は、すみかの森の火災を消そうとくちばしで水を1滴ずつ運び、周囲にばかにされても「私ができることをする」と意に介さなかったハチドリの民話に由来する。

新型コロナの感染が全国的に広がる春頃までに専門家や当事者の講演や勉強会、映画上映など月に20～30のイベントを企画。通底するテーマは「差をなくす」。当事者と出会ったり、参加者同士が対話したりする場になるよう心掛ける。「あらゆる課題の根っこには差別がある。人は『知る』ことで優しくなれる」。安彦がイベントの冒頭に必ず参加者と共有する信念だ。

6のつく日には最低被爆者1人が数時間滞在。いつでも少人数で話を聴くことができる。「被爆者に会いたい」と国籍を問わず客が訪れ、休日と重なれば満員になることも。

広島県立高2年の中村葵《なかむらあおい》(16)は、ここで4人の被爆者と出会った。「他の講話とは違って、証言を深く聞ける。一口に被爆者といっても異なる考えを持っていることを知りました」

「『被爆者』ではなく『友達』に原爆が落とされたのだと考えられれば、核兵器は絶対に許せないと思えるはずだ」。力強く語る安彦は、茨城県出身。24歳のときに参加したピースボートの世界一周の船旅が「ヒロシマ」に導いた。

▼人をつなぐ

幼少期から正義感が強く、紛争や環境破壊に「理不尽だ」と憤る一方、「遠い世界の出来事」とも感じていた。高校卒業後は実家の工場などで勤務。代わり映えのしない毎日に危機感を覚えた2003年、ピースボートに飛び乗った。

当時イスラエル軍が事実上支配していたパレスチナ自治区から乗船した男性が忘れられない。日々、命の危険にさらされている人たちはどんな人なのか。恐る恐る話し掛けると、言葉が十分に通じない自分に身ぶり手ぶりで説明してくれた。「違う国、境遇にいても同じ人間なんだ」。テレビの向こう側にあった紛争が急に目の前に立ち現れた。

平和のために行動しようとピースボートのスタッフになり、07年に広島の事務所に赴任。退職後、フリーラ

ハチドリ舎の安彦恵里香。6のつく日に被爆者との交流会を開いている＝広島市（撮影・西詰真吾）

ンスで働く傍ら本格的に核廃絶運動を始め、「組織は性に合わない」と起業を決意する。

平和を学ぼうと世界中から人が集まる被爆地。ピースボートでの出会いのように、人と人がつながることで平和のための行動は生まれる。ここでそんな場をつくろう。走り始めると、導かれるように、平和記念公園のそばに物件が見つかり、17年に開店した。

▼「毎月通わせて」

新型コロナの影響で経営は厳しい。しかし、毎月イベントを共催しているセクシュアルマイノリティー（性的少数者）支援組織の代表がインターネット上に創設した「基金」に180人が寄付し、常連客からもカンパが集まった。「ここを居場所だと思ってくれる人がいる」。胸が熱くなった。

原爆資料館のボランティアガイドを10年近く続けてきた岡本にとっても、ハチドリ舎は特別な存在だ。1歳のとき、爆心地から約1・5キロの自宅で母と被爆。家の下敷きとなり、左腕など3カ所に傷痕が残る。惨状の記憶はないが、差別を恐れて夏でも長袖で過ごし、婚約者にも簡単には打ち明けなかった。

被爆者としての使命を自覚し、ガイドを始めたのは定年退職後。証言活動もしようと資料館の語り部に応募したが、記憶がないことを理由に断られた。友人の紹介で知ったハチドリ舎では、母や親戚から伝え聞いた話や半生を「被爆者」として語ることができた。

「毎月通わせてほしい」と安彦に申し入れて３年弱。緊急事態宣言が解除されるまではオンラインでの証言が続いたが、７月16日、３カ月半ぶりに店内で参加者に対面して証言できた。オンラインも含め５人がじっくりと聞き入った。岡本から笑みがこぼれた。「やっと帰ってこられた」

（文・野口英里子）

◎核廃絶運動の継承

１９４５年8月、米軍は6日に広島市、9日に長崎市へ原爆を投下。同年末までに推計約21万４千人が死亡し、生存者もけがや放射線被ばくによる病気や健康不安に苦しむ。厚生労働省によると、被爆者健康手帳の所持者は２０１９年度末時点で約13万６千人。平均年齢は83歳を超え、被爆者がけん引してきた核廃絶運動の継承が課題だ。

広島市は12年、被爆者に代わり体験を伝える「伝承者」制度を開始。現在１５０人が原爆資料館などで活動している。被爆者団体や非政府組織が10～20代の若者と協力し、ビデオ会議アプリなどを利用して「オンライン証言会」を開催する動きもある。

高齢でも「一生学び」——沖縄戦で勉強できず

2020／8／8

平日の夕方。那覇市中心部のビルに、沖縄三味線・三線《さんしん》の音が響く。フリースクール「珊瑚舎《さんごしゃ》スコーレ」の夜間中学で、「民謡」の授業が始まった。

「はい、せーの」。講師の掛け声に合わせ、年配の生徒が楽譜を見ながら弦をつま弾く。「ヨラテク節」の一節を何度も繰り返すが、音がなかなかそろわず、笑いが漏れる。「来週になったら、完全に忘れているよね」。自虐的な声が上がる。

この夜間中学では現在、50～80代の男女６人が日本語や英語、数学、音楽などを学ぶ。沖縄戦前後に学齢期を迎え、義務教育を受けられなかった人たちにとって、学習だけでなく交流、憩いの場となっている。

▼友達

夜間中学３年の新里好子《しんざとよしこ》（87）は、沖縄県宜野湾市近くの小さな村で生まれ育った。小３まで学校に通ったが、１９４５年４月に米軍が沖縄本島へ上陸すると、一家は捕虜として終戦まで収容所に入れられた。

「親たちを頼りにするだけで、怖いという気持ちはなかった。でも、祖父は妹をおぶって逃げようとしたら、米兵に射殺されました」と振り返る。

戦争が終わると、洋裁学校へ通い、米兵の軍服を洗うクリーニング店に住み込みで就職する。結婚して、20歳で第１子を出産、子ども３人を必死に育て上げた。

沖縄戦を経験した新里好子と比嘉文哲は今、夜間中学で机を並べる。「民謡」の授業で沖縄三味線・三線を学ぶ２人は少年少女のよう＝那覇市の珊瑚舎スコーレ（撮影・藤井保政）

「夜、子どもたちが寝静まってから、こっそり学校の教科書を読みました。勉強をしていないことへの負い目があった。子どもに聞かれたときに、教えられる親になりたかったんです」

夫が病気で亡くなり、「自由になった」と、夜間中学に通い始めて4年目。「学びたいというよりも、友達が欲しくてね。みんな明るくて、楽しくて、私も子どもみたいになっちゃう。授業では、戦のために勉強できなくて分からなかったことを、先生が分かるようにしてくれて、とってもありがたい」。満面の笑みを見せる。

▼雪解け

沖縄戦を経験したもう一人、比嘉《ひが》文哲《ぶんてつ》（85）の一家は、同県名護市近郊で農業を営んでいた。小学校には、3年生になる前までしか行けなかった。米軍の上陸直前、集落の人と山に隠れ、横穴を掘って避難生活を送った。

「食べ物がなくて、生きた牛や馬を大人たちが縄で縛って目隠しをして、つるはしで殺していた」と話す。

戦後、中学に通ったものの、「勉強という勉強をしないで、時間を過ごしてしまった」。結婚し、４人の子どもに恵まれたが、新聞配達やタクシー運転手など、職を転々とする。

「こんな漢字も読めないのかと、人にばかにされたことが何度もあった」。今年2月に入学、知らなかった世界が開けつつある。「今までの暗い、悔しい思いが、雪解けしてきているのを実感する。一つでも二つでも新しいことを知れば、喜びにつながる。生きている間は、一生学びですね」

▼手助けの場

珊瑚舎スコーレ代表の星《ほし》野《の》人史《ひとし》(72)は、東京都出身だ。大学卒業後に国語教師として、中学や高校の教壇に立つ。自由な校風で知られる埼玉県の私立高校の校長だった１９９５年、沖縄に駐留する米兵による少女暴行事件に衝撃を受けた。

学生時代、民芸運動の柳宗悦《やなぎむねよし》らの本を読み、折からの本土復帰闘争もあって、沖縄に関心を抱く。修学旅行で生徒と沖縄を訪れたとき、「他者を受け入れる文化と心遣い」を感じていた。

「沖縄は歴史的に侵略され、差別的な状況が続く中で事件が起きた。見て見ぬふりはできない。少しでも役に立てれば」

職を辞し、翌年、知人もいない沖縄へ単身移住する。県民の怒りが沸騰する島で、「生徒一人一人が、自分の力で自分をつくるための手助けの場」としての学校設立に動いた。

２００１年に珊瑚舎スコーレを開校。初等部、中等部、高等部で、不登校の若者らを受け入れた。さらに04年、沖縄県で初の夜間中学を開く。

米軍統治下の琉球政府が１９５５年に実施した調査によると、沖縄の義務教育未修了者は、児童生徒の約２割に達した。実際は、それ以上の数ともいわれる。その人たちが高齢化する中、夜間中学の開設は急務だった。

生徒20人でスタートした夜間中学は、一時60人近くまで増えたが、最近は生徒数が減っている。夜間中学の生徒の学習を、高等部の生徒らがサポートすることも多い。星野は「全ての世代の生徒が、この学校で同じ空気を吸い、同じことを共有しながら、個を尊重し、協働性を追求してほしい」と語る。

「新しいことを知る喜びを得られれば、さらに学ぼうとする。知識を統合すると、教養になり、価値観を磨く力になる。それを自分で生かすことが、学びの目的です」

（文・工藤恵）

◎全都道府県に開設を

夜間中学は、義務教育を修了しないまま学齢期を過ぎた人や、不登校などの事情で十分な教育を受けられないまま中学校を卒業した人、外国籍の人らに対し、教育を保障する。文部科学省によると、外国籍生徒が全体の約８割を占める。

２０１６年公布の教育機会確保法は、夜間中学の設置を自治体に義務付けた。文科省は全都道府県に１校以上の公立夜間中学の開設を目指しているが、現時点では東京都や大阪府、奈良県など10都府県34校にとどまる。

21年は徳島、高知両県で、再来年には札幌市で夜間中学が開設される予定。相模原市と福岡県大牟田市などでも検討が進む。

㉝小さなお寺

本堂は民家の2階にあり——夫婦で13年かけ宗教法人に

2020／8／15

「ハイ！」。掛け声とともに笑いがはじけた。マスク越しのくぐもった音の塊が耳を打ち、本堂に反響する。「リズムを付けて、おなかから湧き出る感じで」。指導に合わせ、場の空気は熱を帯びていく。横浜市神奈川区の寺院。健康法「笑いヨガ」のイベントだ。

男女4人の参加者と豪快に笑う主催者は、作務衣《さむえ》姿の浦上哲也《うらかみてつや》（46）と、レッスン担当の智子《ともこ》。夫妻ともに僧侶だが、寺院と言っても外からは民家にしか見えない。住宅2階の2部屋をぶちぬき、14畳の本堂にした。「倶生山慈陽院《ぐしょうさんじよういん》なごみ庵《あん》」。2人は、小さくて新しいこの寺の住職と、共に支える坊守《ぼうもり》なのである。

▼在家出身

新型コロナウイルスの感染拡大で久しぶりの行事だった。法話や写経・写仏の会も中止していたため、「早く来たかった」と参加者。「ここは居心地がいいから」。他の人もうなずく。住職と坊守を囲み、休憩中もやわらかな笑い声が絶えない。

2人とも「在家《ざいけ》」と呼ばれる一般家庭の出身。哲也は大学を卒業後、サラリーマンになったが、仕事が合わずに退職した。その際、親戚に当たる神奈川県内の寺の住職から声を掛けられた。「坊さんになってみないか」

悩んだ。会社はやめられるが、僧侶はやめられないのではないか。結局、父の後押しもあり1999年、僧侶に。「お寺は就職先という感じでした」。浄土真宗の一宗派、真宗高田派の寺だった。

指示された通り、通夜、葬儀などを粛々とこなす日々が始まる。転機は2003年。仏教を専門的に学ぶため、夜間の東京仏教学院に1年間通った。ここで気付いた。そうか、お坊さんは仏教を伝えるのが仕事なんだ。

それまで法話をしたこともなかった。見よう見まねで始めたところ、お礼の電話や手紙が来た。うれしかった。当時は、人口が増え続ける都市部での布教が話題になっていた。対応策の一つが新しい寺院の開設だった。家が寺でなくても、婿として入るのでなくても、お寺をつくっていいんだ。「自分なりに教えを説く場所がほしい」。借家で法話の会を始めた。

▼詩人と自死

智子と知り合ったのは僧侶になって間もない頃だ。女優・保谷果菜子《ほうやかなこ》。智子の芸名で、長く舞台で活躍を続ける。結婚は02年。彼女の友人は僧侶との結婚に驚く。「びっくりすることなんだと、それにびっくりした」

仏教学院での哲也の学びは智子にも影響を与えた。詩人金子みすゞ（1903〜30年）との出会いである。仏教が底流にあるみすゞの詩に感動した夫が妻に話し、その詩や人生を伝える「ひとり舞台」につながった。評判となり、現在も各地の寺院や劇場などで上演が続く。妻の舞台を、夫は裏方として支え続ける。

みすゞは自死を選んだ。その事実に哲也は思いを寄せる。「自死・自殺に向き合う僧侶の会」共同代表も務め、死にたいと苦しむ人々、大切な人を亡くし途方に暮れる遺族への対応に心を砕く。

生死の在り方を見つめる彼の活動で知られるのは参加型講座「死の体験旅行」だ。死を告知された人を想定、病状の進行に従い、紙に書いた大切なものを一つ一つ手放すワークショップ。哲也の声は渋くて深みがある。朗読のプロである妻の助けを得てシナリオを練った。募集するとすぐ満員になるほど好評で、4千人近くが受

令和になってから宗教法人となった「倶生山慈陽院なごみ庵」の浦上哲也と妻智子。普通の民家の２階が本堂で、法話会やさまざまなイベントを開く＝横浜市神奈川区（撮影・堀誠）

講している。

▼令和初

借家で始めた法話を発展させるため、一軒家を購入し寺院兼自宅としたのは10年前。勤めていた寺は辞め、宗派からも離れた。

なごみ庵での行事など全ての活動の軸は「人々に仏教を伝えたい」。そんな思いから目標としたのが宗教法人化だった。ただ、オウム真理教事件以降、宗教法人の設立は難しくなり、しかもなごみ庵は宗派に属さない「単立」寺院。信用を裏付ける後ろ盾はない。

県庁に書類を出しては差し戻される日々が続く。ただ、活動が知られるようになってきたためか、役所の対応は親切だった。昨年の大型連休明け最初の平日、5月7日にようやく設立登記された。だから「令和初の宗教法人です」。最初に県庁に相談に訪れてから13年の歳月が流れていた。

なごみ庵は檀家《だんか》制ではなく「縁人《えんじん》」という会員制。

ただ、会費も入退会手続きもない。縁ある人が集まる「サードプレイス」を意識し活動する。法人化記念行事にはそんな人々がボランティアで駆け付けた。「義理もない、墓があるわけでもないのに、好きで応援してくれる。本当にありがたい」

本堂に阿弥陀如来像がある。たまたま知った人の職業が仏師と分かり制作してもらった。後光に当たる装飾の光背《こうはい》は意外にもステンドグラス。住職が近くの教室に通って自作した。人も物も、つながる縁を大切にしたい。「小さなお寺」はそんな思いがあふれる。

（文・西出勇志）

◎時代の役割を担う

「寺院消滅」と「葬式は、要らない」。日本仏教に関連して大きな話題になった本だ。タイトルが予感させるのは、寺院や僧侶にとって暗雲垂れ込める未来だろう。

人口減少や「家」意識の希薄化で葬儀や法要の簡素化が劇的に進む。新型コロナウイルスの感染拡大に伴い、通夜を行わない1日葬も注目を集めた。仏教界が担ってきた葬送の縮小傾向は今後も歯止めがかからない。

ただ、厳しい環境の中、前向きに活動する寺や僧侶は全国各地に存在する。地域の新たな拠点を目指す、グリーフ（悲嘆）ケアに重点を置く。時代の役割を担おうとする活動は、寺と社会に新たな関係を生むはずだ。

東京で同胞が集う――亡き祖母の思い継ぐ店主

ＪＲ山手線が高架橋を走り抜ける音が聞こえる。辺りに漂うのは韓国や東南アジアの料理の独特な香り。そこに聞こえてきたのはアイヌ語だった。6月6日の昼すぎ、東京・新大久保にあるアイヌ料理店「ハルコロ」。祭司が読み上げる祝詞《のりと》に、アイヌの民族衣装を着た人らが耳を傾ける。開店9年の節目に合わせ、店の建物の神に感謝の祈りをささげる儀式「チセノミ」が始まった。

ござの上に火のついた炭。祭司が木製祭具でトノト（酒）を振りかける。火の神に飲ませて、人間の言葉を翻訳、別の神に伝えてもらう。トノトはアイヌの店主、宇佐照代《うさてるよ》（48）の特製だ。

米や木の実なども供物として火に入れる。終了後に照代がアイヌ民謡を披露し、皆が手拍子を打ってもり立てた。

「店を続けられないんじゃないかって、最初は周りから言われたけど、こつこつやって、ここまで来た。でも、まだこれから」と照代は話す。

▼薄い反応

北海道釧路市で生まれ、10歳で家族と東京に移った。直後の1983年、関東地方のアイヌが設立した同胞の交流組織「レラ（風）の会」の初代会長に、祖母の西村《にしむら》ハツエが就任。照代は会の活動で民族伝統の歌や踊りに触れ、自然とアイヌとしてのアイデンティティーを形成していく。

建物の神に感謝の祈りをささげる「チセノミ」。藤戸悦夫（右手前）ら、さまざまなルーツを持つ人たちが参加した＝東京都新宿区（撮影・堀誠）

東京都が88年に実施した調査では、都内で暮らすアイヌは推計２７００人に上った。だが、照代の周囲でアイヌを知っている人は皆無に等しい。高校の社会科の授業でアイヌが出てきたとき、試しに「私、アイヌなんです」と言ってみたものの、反応は薄かった。「そもそも知らないから、差別は受けなかった」

ハツエらは民族の権利回復運動も続けており、「関東にアイヌが集う場所をつくりたい」との思いを募らせていた。伝統料理をふるまう店の開業資金をためようと、募金や講演活動に奔走。ようやく94年、東京・早稲田の学生街に、ハルコロの前身となる「レラ・チセ」ができる。

店は照代の母タミエらが切り盛りし、当時20代の照代も手伝った。学生でにぎわい、年配のアイヌの客が若者に民族の未来を語る姿も見られた。

▼差別の歴史

その約10年後の冬だった。「おばあちゃんが倒れた」。照代の元に突然、連絡が入る。病院に駆け付けると、ベッドに横たわったハツエが、照代の手を取って声を絞り出した。「民族の誇りを持って生きていくと誓ってくれ」。今まで、そんなことを言ったことはなかったのに。「分かった。誇りを持って生きていく」と照代は答えた。ハツエの顔に笑みが浮かんだ。

それから他界するまで３カ月、照代は見舞いに通った。ある日、病室で友人と面会するハツエ。話していたのは、初めて聞くアイヌ語だった。「おばあちゃん、しゃべれたの？」。後でその友人に尋ねると、「当たり前でしょ。何歳だと思ってるの」。

当時、ハツエは80代半ば。照代にアイヌ語を教えてくれたことはなかった。「しゃべってはいけないと言われた時代に育ったんだ」。ショックだった。明治時代以降、伝統的な風習を禁じられ、日本人との同化を迫られたアイヌ民族。祖母のように活動してきた人でも、隠さなければいけなかったのか。差別の歴史を感じ取った瞬間だった。

▼食べ物に困らない

「祖母の思いを継ぐ」。照代は決意したが、東京・中野に移転していたレラ・チセは２００９年、資金難で閉店する。「ここで生まれた交流がなくなってしまう。なんとかして復活させたい」と、11年にハルコロをオープン。店名は「食べ物に困らない」という意味だ。

コロナ禍で客足は鈍っているものの、具だくさんの汁物オハウなどを求めてファンが訪れる。常連でアイヌ木彫り職人の藤《ふじ》戸《と》悦《えつ》夫《お》（62）は「アイヌが経営してる、ただの居酒屋だよ」と冗談めかしつつ、「儀式ができたり、アイヌが集まれたりする場所があることは、大事だと思う」と、ありがたみをかみしめる。

３年前の暮れのある日。店先で、酔った様子の男性が、中の様子をうかがっていた。「おっちゃん、ウタリ

（アイヌの同胞）でしょ？・」。買い物から帰ってきた照代が話し掛けると、男性は目を潤ませ、手を握りしめてきた。「今度、一杯飲みに来てよ」。そう言って別れた数日後、男性は来店して北海道出身であることを打ち明け、涙を流した。象徴的な出来事だった。

最近も時々、ウタリらしい男性が店の近くを通る。まだ、声は掛けていない。「気持ちがどうか、分からないから」。それでもいつか、そっと店のドアをくぐってくれるのを待っている。

照代は言う。「アイヌであることを隠している人も、そうでない人も、ほっとする場所でありたい」。それが、祖母が望んでいたことだと思うから。

（文・石嶋大裕）

◎誇り取り戻す環境整備

アイヌ民族は、明治政府の同化政策でサケ漁や狩猟、アイヌ語などを事実上禁止された。差別から逃れるため文化を伝承できず、北海道外に移り住んだ人も多い。今も出自を隠すケースや、気付いていないことすらある。

２０１７年の北海道の調査では、道内に住むアイヌは１万３１１８人。11年の政府の調べによると、道外の25都府県にアイヌが居住していた。

近年はアイヌの冒険を描いた漫画「ゴールデンカムイ」がヒット。アイヌを先住民族と位置付けたアイヌ施策推進法が昨年施行され、今年7月には北海道白老町にアイヌがテーマの初の国立施設「民族共生象徴空間（ウポポイ）」が開業するなど、民族の誇りを取り戻す環境整備が徐々に進んでいる。

㉟ペット

殺処分をゼロに――しつけで問題行動直す

2020／8／29

いすに座り、子犬のリードを持って名前を呼ぶ。「ミート」。近づいてきたら、手に持った餌をやる。それを繰り返すことで、犬は名前を呼ばれ反応すると、報酬が与えられることを学んでいく。

「犬にとっていい経験として蓄積され、飼い主との良好な関係づくりにつながるんですよ」

岐阜市にある「ぎふ動物行動クリニック」。獣医師の奥田《おくだ》順之《よりゆき》（34）が開いている子犬のしつけコースが始まった。

ミートを連れてきたのは会社員の伊藤《いとう》雅俊《まさとし》（38）。「マンションを買ったら『ペット可』だった。プードルが賢いと聞いて飼い始めたのですが、しつけの仕方が分からなくて。教えてもらい、外の散歩がやっとできるようになりました」

家族として迎え入れたはずなのに、飼い主をかんだり、過剰にほえたりといった問題行動を起こすペットがいる。エスカレートして飼うことができなくなれば、放棄され、殺処分されることになりかねない。

「問題行動もトレーニングをすれば直せます」。奥田が力を込めた。

▼ドリーム

奥田が獣医師になったのは、小さい頃の経験からだ。家では兄が拾ってきた犬のコロを飼っていたが、あまりかわいがらないうちに病気で死んでしまった。「良心の呵責《かしゃく》を感じ、贖罪《しょくざい》の意味もあって」大学では獣医学

初めての愛犬を迎えた伊藤雅俊（中央）夫婦を指導する奥田順之（右）＝岐阜市（撮影・藤井保政）

を学んだ。

だが、実習で動物病院の現場に立ち、矛盾を感じるようになる。飼い主がいて病院に連れて来られる動物は一生懸命助けるが、飼い主がおらず病院に来ない動物は助けない。飼い主がいない野良犬や捨てられた猫は、行政に引き取られ、譲渡先が見つからなければ殺される——。

「獣医師はもっと、殺処分を減らすという社会的な課題に向き合うべきだ」。奥田は大学でサークルをつくり、この課題に取り組み始めた。サークル名は殺処分する機械と同じ「ドリームボックス」を選んだ。「楽しげな響きと正反対の現実がある。偽善性に立ち向かいたかった」

卒業後の２０１２年、飼い主がペットを放棄することを防ぐ活動をするＮＰＯ法人「人と動物の共生センター」を立ち上げた。その２年後に、問題行動の診察を中心に行うクリニックを開業。日本で８人目となる獣医行動診療科認定医の資格も取った。犬猫の行動パターンやその理由を熟知する専門家だ。

▼上流の対策

現在、都道府県などにある動物愛護センターが中心になって、飼い主が手放した犬や猫、所有者が分からないペットを引き取っている。その後、民間の保護団体や家庭に譲渡することで、センターでの殺処分ゼロを達成した自治体もある。

しかし、センターの動物全てについて、保護団体や家庭で譲り受け、飼育できるわけではない。「だからこそ上流の方の対策、つまり飼い主のいない犬猫を生み出さないことが最も重要だ」と奥田は説明する。

一つの方策は、クリニックで力を入れているしつけによって、ペットの問題行動をなくすこと。もう一つは、飼い主の高齢化に対応することだ。病気で入院したり、福祉施設に入ったりする際に、ペットを捨てざるを得ない人も多い。それを避ける仕組みをつくらなければならない。

▼互助会

そこで奥田のＮＰＯは今年４月、ペット後見互助会「とものわ」を本格的にスタートさせた。

飼い主は生命保険に加入するか、遺言書を作成して、ペットの終生飼育に必要な資金を用意する。飼い主の入院時などは、ＮＰＯがペットを緊急に保護。新しい飼い主を探したり、老犬ホームに預けたりして、最期まで見守る。会費は月千円だ。

斎《さい》藤《とう》玲《れい》子《こ》（65）は、６年間飼っている柴犬の小太郎のため、互助会に加入した。薬剤師として働き、クリニック近くの一戸建て住宅に１人で暮らしている。

「私に何かあったとき、小太郎のことが心配です。娘夫婦が面倒を見ると言ってくれているが、アパート暮らしなので自宅では飼えない。私の家まで毎日来るのも大変だと思う」。小太郎を散歩させながら、不安そうに話した。

万一の場合には、連絡を受けた奥田らが小太郎を迎えに行って、世話をすることになっている。奥田は言う。「不慮の事故で夫婦が一緒に倒れることもある。いつ何が起きるか分からない。前もって、飼っているペットのことを決めておくべきだ」

今後、この互助会のシステムを全国に普及させたい。そのためには地域ごとに、獣医師やトリマーらがペットの緊急保護や飼い主探しなどを担えるようにする必要がある。「この取り組みが真の殺処分ゼロにつながると信じている」

（文・諏訪雄三）

◎年に3万8千頭

犬と猫は全国で推計2千万頭近くが飼育されている。少子高齢化が進み単身世帯が増えている日本社会では、不可欠な伴侶動物だ。

環境省によると、2018年度には9万1939頭が都道府県の動物愛護センターなどに引き取られた。飼い主からが15%で、他は野良犬や野良猫などだ。

一方、殺処分されたのは3万8444頭で、全体の42%に当たる。残る個体は保護団体や家庭に譲渡されたか、飼い主に返還された。環境省は今年6月施行の改正動物愛護管理法に基づく基本的な指針で、10年後の2030年度の殺処分数をおおむね2万頭に減らす目標を掲げている。

形ではない、生きた証し――死後はいつか無名に

福岡市に住む母は、50キロも離れた故郷の墓へ高速バスで通っている。以前は父が運転する車で、同居する祖母も一緒に、墓参りに行っていた。だが、祖母は亡くなり、父も他界。「このまま、おふくろに墓守をさせるわけにはいかない」。1992年、万葉集の研究者として、奈良大（奈良市）に赴任したばかりの上野《うえの》誠《まこと》（60）は考えた。

▼重荷

上野は福岡県甘木市（現朝倉市）生まれで、3人きょうだいの末っ子だ。母は、呉服や衣料品を扱う商家の娘。その家に父が婿入りした。

母方の祖父は30年、甘木の公営墓地に2階建ての巨大な墓を造った。1階は5、6人が立ったまま入れる総タイル張りの納骨堂。石段を上った2階の石畳の上に、「上野家累代之墓」と刻まれた高さ2メートル近い墓石がそびえる。草むしりの手間も、半端ではない。

「祖父が経済競争に勝利した象徴で、先祖を顕彰する意味もあったのだろう」と上野。祖母は「結婚や養子縁組の前には、相手の家の墓を見るもの」と話していた。自慢の墓が将来、子孫の重荷になるなど、祖父母は想像もしなかったはずだ。

父の死を受けて、家族の誰からともなく「あのお墓、しまうしかないね」と声が上がった。反対するかと思っ

奈良大の研究室で母の遺影と、研究の集大成と言う著書「万葉文化論」を手にする上野誠＝奈良市（撮影・萩原達也）

ていた母も「身の丈に合った墓がいい」と賛成した。

上野は、母の家から電車で1駅の霊園を見つける。駅から送迎バスで往復できる便利さが魅力だ。家1軒を解体するほどの墓の処分費用や、霊園の使用料は母がほとんど支払い、上野家の墓は移転した。

霊園は分譲住宅のように、よく似た墓がずらっと並ぶ。上野は行くたびに迷う。「小さい墓石は、ちょっとがっかり。でも、これでいいんだ」

▼家もしまう

転勤族だった兄も福岡で母と暮らし始めた。その兄が2008年、がんで死去する。骨折して入退院を繰り返す母を、上野は奈良に引き取った。

母のために、自宅と大学に近い病院や施設を探し出した。いざというときに備えて、職場から200メートルの葬儀場も予約。母が死んでも、休講にしないと決める。

「福岡の病院は、いつ空くとね？」「まだ、空かんとよ」。親子のやりとりは、母が亡くなる16年まで続いた。

母の没後、福岡の家を処分し、ささやかな墓もしまった。両親の遺骨は同じ霊園の合同供養墓に納めた。

「大学院まで通えたのは家のおかげ。先祖への感謝は忘れない。けれど、地縁や血縁が薄れた社会で、生きている人が墓に縛られるべきではない」。合同供養墓は1度見に行ったが、その後、墓参りはしてはいない。人は死ねば、いつか無名になる。記憶されることと同じくらい、忘れられることも大切だ。そう上野は思う。「私の墓は要らない。母の遺産で出版した研究の集大成が次世代につながれば、それが私の生きた証しです」

▼不信

「団塊の世代が親を見送るときに、寺離れが加速した。当然、墓からも足が遠のきます」。自身も団塊の世代で僧侶の高橋卓志《たかはしたくし》（71）は断言する。

以前は、家を継ぐ人が、墓を守った。しかし、戦後の民法改正で家督相続は廃止され、人々は家を出て多様な職業に就くように。サラリーマンとして転勤を重ね、核家族の生活に慣れた人が、親の死をきっかけに故郷の寺に直面し、檀家《だんか》の役割や墓の在り方に疑問を持った、と高橋は分析する。

「寺は、先祖や自分の死後の供養を頼みたい存在であるはずです。なのに、ありがたみが分からないお経や法話に『お気持ち』を包まされる。墓じまいすると、高額の離檀料（檀家を離れる際のお布施）を請求される。それで、不信を抱かないでしょうか」

高橋は、長野県松本市の神宮寺の長男に生まれた。好きで跡を継いだわけではない。人生が変わったのは1978年、ニューギニア戦線の激戦地だったインドネシア・ビアク島で、戦死した日本兵の慰霊に訪れたときだ。遺族の号泣に動揺して読経を続けられなくなり、導師に「お経を続けろ」と叱責《しっせき》された。「坊主のくせに、人の苦しみや悲しみに正面から向き合っていなかった」

葬儀でおざなりのお経を上げるのはやめ、遺族と入念に打ち合わせて、故人を送り出すようにした。費用を抑え、お布施の額の目安を檀家向けの冊子で公開した。墓を守れなくなった人の思いを引き受ける永代供養墓を2基造った。

2018年、志を同じくする僧侶に寺を託した。2人の息子への世襲は考えなかった。今は母校・龍谷大（京都市）の客員教授として、後進を育てる。

自分が死んだら、骨はどうするのか。「川に流してもらいたいけど、全くこだわっていません。妻と子どもに任せます」。そう言って、高橋は笑った。

（文・山岡文子）

◎死者の尊厳守る仕組みを

「墓じまい」に明確な定義はない。全国石製品協同組合は「元の墓を撤去し更地に戻すこと」とし「墓を移転する『改葬』のプロセスの一つにすぎない」という公式見解を明らかにしている。

この見解に沿った墓じまいの統計は存在しないが、確実に増えている。墓に詳しいシニア生活文化研究所の小谷《こたに》みどり所長は「過疎化や核家族化、少子高齢化といった社会の実情を反映しており『先祖をないがしろにする』などの批判は当たらない」と話す。

全ての死者の尊厳を守るには、墓に骨を入れて一定期間後に合葬墓に移すなど「血縁者がいてもいなくても、無縁化しない墓の仕組みが必要だ」と小谷さんは訴える。

㊲在日の街

朝鮮の文化が当たり前に——揺れた思い、劇で表現

2020／9／12

「朝鮮の文化や人を悪く言うことは、私という人間を否定すること」

祖父との切ない思い出をつづった一人芝居「ウリハラボジ（私のおじいちゃん）」の一場面。そのせりふは、作・演出・出演の浜辺《はまべ》ふう（27）の心情と重なる。

劇団「九条劇」を主宰する浜辺は、日本人の両親の元、京都市南区東九条で生まれ育った。

▼中から裂ける

ＪＲ京都駅南側の東九条地区は、戦前から在日コリアンが多く、今も住民の1割以上が外国人だ。鴨川の河川敷には２０００年代まで、主に在日が暮らしたバラックが残っていた。

浜辺が通った保育園も、外国にルーツのある子が目立った。あいさつは「おはようございます、アンニョンハシムニカ」。浜辺は地域の祭り「東九条マダン」で、朝鮮の太鼓チャンゴをたたく。それが当たり前だと思っていた。

ところが、小学校3年の時、友達だけ民族学級に呼ばれ、ハングルや朝鮮の歌を習い始める。「私もやりたい」。先生に訴えると、「在日の子のための授業で、あなたは日本人だから行けないのよ」と一蹴された。

ハーフでもクオーターでも日本国籍でも、コリアンの血が流れていれば参加できるのに、同じ文化に親しんできた自分は除外される。「中から裂けていくような痛みを感じた。でも、何も言えなかった。抗議すれば、

鴨川河畔に立つ浜辺ふう。対岸の東九条には、在日コリアンが多く住む公営住宅が並ぶ＝京都市（撮影・藤井保政）

『在日を尊重しない日本人』の枠に入れられるんやないかって、怖くて」

日本の植民地支配下での創氏改名や関東大震災後の朝鮮人虐殺など、歴史を学ぶにつれ、日本人であることが苦しくなった。右翼団体が東九条でヘイトスピーチの街頭宣伝を行った際は、怒りに震える地元のコリアンの横で「私はどっち側なんやろ」と自問した。

「自分がどんなふうに見られているか、どうやったら認めてもらえるか。小さい頃から神経をすり減らしていた」

▼日本人でええやん

揺れ動いた浜辺は、国際関係を勉強しようと、米国の大学に留学する。出会ったシリア移民の子は「私はアメリカ人」と断言。白人と中国系のハーフの学生は「おまえが何者かを証明する必要はない」と浜辺を諭した。

「比べもんにならんくらい複雑な子がいっぱいいい

て、私も『朝鮮の文化を愛する日本人』でええやん、て思えた。自分のアイデンティティーは自分が決めるんや、って。救われた」

その後、韓国にも留学。帰国した17年、東九条マダンで初の劇作を披露した。マダンでは、社会問題を風刺する韓国流の劇の上演が恒例になっており、「表現する手段として、演劇は身近にあった」。

そんな東九条マダンを、浜辺が誕生した1993年に始めたのは、やはり東九条出身の在日2世、朴実《パクシル》（76）だ。

幼い時に父を病で失い、極貧の日々を送る。厳しい民族差別の中、朝鮮人であることを隠し、音楽講師「新《あら》井《い》実《みのる》」として生きた。

日本人の清子《きよこ》（74）との結婚を機に、清子の両親の要請で帰化する。当時の手続きで、10指全部の指紋押なつと、戸籍名を日本風の氏名にすることを事実上強制された。

「屈辱的で、申請直後から後悔した」。同胞からは裏切り者扱いされた。民族名を取り戻す裁判を起こし、87年、氏の変更許可を勝ち取る。

▼交流の広場

その頃、コリアンが集住する大阪市で開かれた「生野民族文化祭」を見に行き、朴は東九条でも同様の祭りをやろうと思い立った。「生野は朝鮮人だけで成り立つけど、僕は日本籍やし、東九条には日本人も在日も被差別部落民も障害者もおる。一緒に交流のマダン（広場）をつくろう」

地元の知人らと実行委員会を設立、毎年開催している。呼び物は、和太鼓と、朝鮮の伝統的打楽器を用いる音楽サムルノリの共演「ワダサム」。多文化共生を目指す地域を象徴する演目だ。

朴の息子で、ワダサムの作曲・演奏を手掛ける哲《チョル》（46）は「韓国の人からは『ウリナラ（わが国）の文化じゃない』と怒られるけど、僕のウリナラはどこだか分かりません」と笑う。

東九条を拠点に活動を広げる浜辺を、朴は期待を込めて見守る。「ふうのような『マダン世代』がどんどん育ってきて、地域コミュニティーが将来もつながっていくと思う。ここから新しい文化を発信したい」。東九条マダンを手伝う清子も「ふうは、自分はこう生きたいということを貫こうとしてはる。私たちがやってきたことが、影響したのかな」と話す。

当の浜辺は近く、台湾に留学する。韓国と同じく日本の植民地になったが、対日感情が良いといわれる人々の本音を確かめてくるつもりだ。

「歴史に興味がある。それを踏まえてこそ、ほんまの意味で未来志向になる。東アジアの若い世代と話し合いながら、何かをつくっていくのは楽しみ」

（文・原真）

◎戦後、日本国籍を喪失

１９１０年の日本による韓国併合の後、多数の朝鮮人が、自ら職を求めたり、軍需工場に徴用されたりして来日した。戦後も朝鮮半島の南北分断で帰国を断念した人が少なくなかったが、日本政府は外国人とみなし、52年のサンフランシスコ講和条約発効に伴い日本国籍を失ったと通知した。

これらの在日コリアン1世とその子孫は、台湾出身者と共に「特別永住者」として安定的な在留資格を付与されている。出入国在留管理庁によると、韓国籍の特別永住者は２０１９年末、約28万人で、高齢化や日本人との国際結婚により減少が続く。韓国籍では、主に１９８０年代以降に日本に来た「ニューカマー」と呼ばれる人らも約17万人いる。

㊳映画喫茶

山谷の磁力に導かれ――元日雇い労働者らが集う

2020／9／19

家庭料理を提供する店は、客が要望すると映画館に様変わりする。東京・山谷にある「泪橋《なみだばし》ホール」。小さな銀幕が下り、名作「第三の男」が上映された。

店はボクシング漫画「あしたのジョー」ゆかりの泪橋交差点の近くにある。広さは30平方メートルほど。切り盛りするのは多田裕美子《ただゆみこ》（54）。クラウドファンディングなどで資金を用意し、昨年2月にオープンした。

昭和の時代が色濃く残る邦画の宣伝用「のぼり旗」が所狭しと飾られている。多田自身も元々、映画好き。「昔は娯楽と言えば映画。山谷は、その時代を生き抜いた人が多い街なので、需要はある」と、映画喫茶を開いた。

高度成長期に日雇い労働者の街だった山谷。今、高齢化の波が押し寄せ、簡易宿泊所で暮らしている多くは生活保護受給者だ。

近くには東京スカイツリー（634メートル）がそそり立つ。街も人も、時代とともに移ろう。多田は言う。「昔も今も社会で生きづらさを感じている人はたくさんいる。そういう人たちが集える場をつくりたかった」

▼ピアノ演奏

上映の時の著作権処理は自ら映画会社と交渉した。上映以外の時間は一品料理や定食、アルコールを提供している。当初は映画観賞の入場料を徴収していたが、新型コロナウイルス感染拡大後、料理などを注文した人は無料にしている。感染対策として換気にも気を使う。

常連にタケちゃん(72)がいる。都内生まれ。「店で長谷川一夫や高倉健の映画を見たけど、懐かしかったねえ」と目を細める。映画を見ない日も足しげく通う。店の片隅に置かれた中古のグランドピアノで「禁じられた恋」「希望」など昭和歌謡を演奏するためだ。

タケちゃんは白内障のため、楽譜を拡大コピーしている。生活保護を受け、１泊１７００円の簡易宿泊所に寝泊まりする。郵便局の集配、ビール瓶清掃、銀座のキャバレーのサンドイッチマン、自動車の期間工……。30以上の職を転々とし、最後は解雇された。

高校夜間部に在籍当時、部活動で音楽に夢中に。昔取ったきねづかで、路上で趣味のキーボードを奏でていた。「でも、警察に止められてね。この店なら何でも弾かせてくれる。やっと居場所ができた」と、ほっとした表情を見せた。

▼男の写真

多田が山谷の磁力に引きつけられたのは、両親の影響が大きい。両親は２００１年までの29年間、山谷で「丸善食堂」を営んでいた。コの字形のカウンターがあり、一人客が多かった。

店の手伝いをしていた大学生の頃、趣味のカメラで杯を重ねる客にレンズを向けた。「何やってんだ」とコップを投げられ、すごまれた。とがった空気が漂った。

数年後、フリーのカメラマンになり、再び店で働くようになる。ある日、別の客が「あんたが撮ったんだよ」と、照れたように写真を見せてくれた。肌身離さず持ってくれている。多田の心が突き動かされた。

33歳で、路上生活者が集う山谷の玉姫公園に足を踏み入れる。毎週末、２年間通い詰め、シャッターを切っ

客のリクエストで映画が上映される「泪橋ホール」＝東京・山谷（撮影・牧野俊樹）

た。酒を酌み交わし、時には花札にいそしむ。信頼関係を少しずつ築いていった。

撮影した男性は１２０人に。４年前に写真集「山谷　ヤマの男」を出版した。その後、自宅のある浅草でカメラマンとして活動した。だが山谷の街が、とげのように心に引っ掛かっていた。

▼腕時計

再び山谷に戻り、ＮＰＯが運営する施設で生活困窮者を支援した。今の店を経営する下地になった。「山谷は優しさと怒りが共存している。けんかはあるが、他人に優しい」と多田。

愚痴をこぼさない。自慢話をしない。過去を語らない。山谷の住人の特徴でもある。多田は時に不安にかられる。「もし、山谷の人が排除されたら、どこに行けばいいのか。いろんな人がいるから街は面白いのに」

父が生涯を閉じた後、多田は実家のサイド

ボードの引き出しを開けたことがある。安っぽい腕時計がいくつも出てきた。父が丸善食堂で客から預かったものだった。金がない客に、酒代の代わりに置いていかせていたのだ。「淡々と働いていたが、根は優しかった」。世故にたけた父も一人のヤマの男に思えた。

80歳近くなった母も共通点がある。「山谷で店をやりたい」。多田が打ち明けると、母は猛反対した。でも今は時折、かいがいしく店を手伝ってくれる。「お客との話が好きみたい。頑固だけど慈悲深い」。多田は自分が両親と似ていると感じている。

泪橋ホールは、両親が営んでいた食堂の隣にある。偶然だが、因縁を感じる。「カメラマンには、もう戻らない。ここが自分にとって最後の働き場所だから」

（文・志田勉）

◎江戸時代は宿場町

東京都台東区と荒川区にまたがる地域が「山谷」と呼ばれている。

公益財団法人城北労働・福祉センターなどによると、江戸時代は日光街道と奥州街道沿いの宿場町として栄えた。太平洋戦争でほとんどが焦土化。連合国軍総司令部（ＧＨＱ）は治安対策として東京都に要請し、テント村を設置した。

高度成長期には建設需要の高まりで、日雇い労働者が集まる「寄せ場」となっていく。１９６３年、２００軒以上の簡易宿泊所に約1万5千人の労働者が暮らしていた。

だがバブル崩壊と高齢化、機械化で労働需要は細り、宿泊所は現在、１３０軒余りに減少した。

㊴鋳物工場

職人の地位を取り戻す——逆転の発想でヒット商品

2020／9／26

洗練された設計の建物に入ると、ショップにスズの食器や真ちゅうの花器が並ぶ。その向こうには、おしゃれなカフェが広がる。美術館のような施設だが、鋳物工場だ。創業１００年を超える老舗の「能作《のうさく》」が3年前、富山県高岡市内で移転開業した本社である。

鋳物は、原型を基に、砂を押し固めて型を作り、高温で溶かした金属を流し込む。冷えたら取り出し、磨いたり、着色したりして仕上げる。その工程のほとんどを、ここではガイド付きツアーで見学できる。現在はコロナ禍で休止中だが、昨年約12万人が訪れ、産業観光の名所になっている。

「商品がどういう過程で作られるのか、知ってもらえるのは、すごくいいこと。やりがいがあります」。玉の汗をかきながら、金属を溶かして混ぜ合わせる作業などを担当する社員の広野孝文《ひろのたかふみ》（27）が語る。

「社長は昔からの良いものを残しつつ、新しいアイデアをどんどん取り入れている。それが若い僕らには魅力的です」

信望厚い4代目社長の能作克治《のうさくかつじ》（62）が、斬新な工場を建てたのは「鋳物職人の地位を取り戻したい」との思いからだ。

▼意識変えたい

高岡は江戸時代、加賀藩の城下町として栄えた。鋳物で知られ、銅器は販売額がバブル期の3割以下に落ち込んだものの、今も全国一の産地だ。

福井県出身の克治は、全国紙のカメラマンを経て、1984年に「婿入り」。職人として、厳しい修業を積んだ。

ある日、地元の母子が、当時は珍しい工場見学にやって来た。克治が張り切って案内すると、母親が小学生の息子に言った。「よう見ときなさい。勉強せんかったら、こんな仕事になるからね」

克治はがくぜんとした。いわゆる3K（きつい、汚い、危険）職場とはいえ、歴史ある地場産業だ。「誇りに思ってもいいはずなのに……。地元の人の意識を変えたい」。事業の抜本改革を志す。

真ちゅうの材料である銅と亜鉛を溶かし、無心に攪拌する広野孝文＝富山県高岡市（撮影・藤井保政）

伝統的な高岡銅器は、産地問屋が商品を企画し、鋳造や溶接、研磨、着色、彫金などの各工程を専門業者が担う分業体制で作られている。能作は、問屋の発注通りに鋳造・成型した「生地」を納入する下請けだった。

「自分が作った物がどうなって、どこで売られているかも分からない。使っている人の声を聞きたかった。それには、自社商品を開発して、自分で売るしかない」と克治。

古い業界だけに、新たな挑戦は抵抗に遭う。ただ、克治はよそ者。「富山弁で言う『旅の人』だから、『まあ、しゃあない』となった」と笑う。

▼スズ100%

２００１年、新商品の展示会を東京で開く。目玉は真ちゅうのハンドベル。仏具の「おりん」を製造してきた実績から、音の響きには自信があった。シンプルなデザインは、大学で意匠も学んだ克治が手掛けた。

しかし、売れない。家の中でベルを使う習慣のない日本では、当然だった。扱ってくれた店のスタッフに「音がきれいで、スタイリッシュだから、風鈴にしたらどうですか」と言われ、半信半疑で風鈴を発売。すると、月に千個もさばけた。

「ユーザーのことを一番知っているのは、売っている人。そのアドバイスに従おう」。克治は胸に刻んだ。店員から「もっと身近な物が欲しい」と要望を受け、食器の開発に乗り出す。

得意の銅や真ちゅうは、口に触れる部分にメッキをする必要がある。スズも、一般的な合金だと、他産地と競合する。スズ１００％であれば類例はないが、軟らかい素材なので、簡単に曲がってしまう。

考えあぐねていた時、相談したデザイナーの一言で、道が開けた。「曲がるんなら、曲げて使えばいい」。逆転の発想。ユーザーの好きなように形を変えられる籠状の商品が大ヒットし、能作は急成長を遂げる。

▼地域のために

19年度の売り上げは約17億円、従業員数は１６０人。克治が社長に就任した02年から、どちらも10倍以上になった。東京や大阪のデパートに直営店を構え、米ニューヨークや台湾にも進出。中国企業との合弁や、スズの医療機器の製造、新本社でのスズ婚式や旅行業にまで、事業を広げている。

さらに、「伝統は革新だ」と唱え、各地の老舗企業と共に日本工芸産地協会を設立。伝統工芸のＰＲ活動を重ねる。

一方、産地問屋との取引は現在も継続し、生産が追い付かないと高岡の同業他社に注文を回す。「１社だけ大きくなっても、産地は成り立たない。同じくらいの規模の会社が、たくさんあるといい」と強調する。

工場に見学コースを整備したのも、地元住民、特に子どもたちに来てもらいたいからだ。「住んでいる所がすてきだと思えるようになれば、そこから出ていかない」。企業は地域に支えられ、地域のために存在する。克治は、そう信じている。

（文・原真）

◎衰退する伝統的工芸品

伝統的工芸品産業振興協会によれば、鋳物や陶磁器、漆器、染め物などの伝統的工芸品の生産額と従業者数は近年、減り続けており、２０１７年はそれぞれ約９２７億円、5万8千人。いずれも、ピークだった１９８０年前後の5分の1程度だ。

国や自治体は補助金を出して支援しているが、生活様式の変化や後継者不足、原材料の調達難など、構造的問題を抱える。

そんな中、一部の企業は、産地の分業体制を流通も含めて統合したり、商品を海外に展開したり、産業と観光を結び付けたりして、人気を集める。外部のデザイナーらと組んで、現代の暮らしに合う商品を開発した例も目立つ。

2020／10／3

持続可能なモデルをつくる――教育施設や農業も

米どころとして名高い山形県鶴岡市。水田が広がり、黄金色の稲穂が風に揺れる。その水面に浮かぶように、モダンな建物が並ぶ。「ショウナイホテル　スイデンテラス」である。

約１２０の客室を擁するが、低層の２階建て４棟に分かれ、ガラスを多用しているため、軽やかな外観だ。内装は木材が目立ち、温かい雰囲気が漂う。大きな窓から、田んぼや月山が見渡せる。しゃれたライブラリー、温泉の大浴場もあり、レストランでは庄内地方の海山の幸を楽しめる。

▼社会を革新

ホテルの横には、大きな木造のドームがたたずむ。「キッズドーム　ソライ」。児童館と学童保育、保育所を兼ねる。

渦巻き状に傾斜する「アソビバ」では、子どもたちが遊具に登ったり、滑り降りたり、自由に遊び回っていた。「ツクルバ」には、色紙や木切れなど、さまざまな素材と、ミシンから３Ｄプリンターまで、多種多様な工具が用意してあり、好きな物を作れる。

遊びを通して、考える力を育むことを目指し、週末には芸術や科学の専門家によるワークショップを開いている。スイデンテラスに滞在し、ソライで遊ぶ宿泊プランもある。

ユニークな２施設を実現したのは、若いよそ者だった。東京都大田区で生まれ育った山中大介《やまなかだいすけ》（34）。慶応大アメリカンフットボール部で活躍し、「会社という組織でしかできない、大きなことをやりたい」と三井不動産に就職。希望通り、ショッピングモールなどの大型開発に携わった。

だが、入社して数年で違和感を持ち始めた。「なぜ金もうけをしなきゃいけないのか。その先に幸せな社会があるのか」。少子高齢化が進み、課題先進国といわれる日本で、社会を革新することに身をささげたい――。

そう考えていたとき、研究機関やハイテク企業が集積する鶴岡市の「鶴岡サイエンスパーク」で、ベンチャー企業スパイバーが、人工クモの糸の量産に成功したと知る。

サイエンスパークの中核となる慶大先端生命科学研究所の所長が、親友の父親だった縁もあり、山中は見学に訪れた。「自然の中で暮らしながら、チャレンジングな仕事ができる」。スパイバーへの転職を即断、２０１４年に鶴岡へ移住した。

▼本気

「山形県がどこか、地図で指せなかった」と言う山中だが、引っ越してすぐ、地域の開発に関わるようになる。サイエンスパークは当時、約21ヘクタールの用地のうち14ヘクタールが利用されておらず、どうするかが課題になっていた。

市や県は予算が乏しい。民間で開発するにも、研究に資する施設でなければならないとの制約があり、首都圏からの出資は期待できない。

「地元の会社が、まちづくりとしてやらないと」。山中はスパイバーを辞め、自らヤマガタデザイン株式会社を設立し、開発計画を練った。人口減が続く地域に、外から人を呼び込むため、ホテルを発案。若者の移住を促すには、子育て・教育環境の充実が不可欠だと、ソライを企画する。

山中大介の新発想のホテル「スイデンテラス」は、「Go To トラベル」の効果もあり「絶好調」だ＝山形県鶴岡市（撮影・藤井保政）

いずれも設計は、紙の管を使った仮設住宅をはじめ、独創的な作風で知られる建築家、坂茂《ばんしげる》（63）に依頼した。

計画案を手に、地元企業に出資を求めて回る。県内最大の金融機関で、地域経済の現状に危機感を抱く山形銀行が応じたのが、決定打になった。同銀行鶴岡支店長の安《あ》部《べ》幸裕《ゆきひろ》（52）は「実現性があるのか悩んだが、地域を良くするんだという山中さんを頼もしく思った」と振り返る。「域外から来て、こんなに真剣に考えてくれる人は見たことがない。鶴岡に家も買ったし、本気だな、と」

▼一次産業に力

山中の熱意に動かされ、仲間も集まった。約70人のヤマガタデザイン社員は、地元出身者の他、大手企業からの転職組やUターン組が少なくない。その一人、山形県酒田市生まれで専務の中《なか》條《じょう》大《だい》希《き》（33）は、「収入が激減しても、未来のためにやりたいことをやろうという、ブレーキが壊れた人ばかり」と笑う。

スイデンテラスは18年に開業。サイエンスパークを訪ねるビジネス客はもちろん、のどかな田園風景や斬新な建築に惹かれる観光客も多く、宿泊客は年約5万人と順調な滑り出しだ。続いてオープンしたソライも、利用者が年8万人を超えた。

さらに、山中らは農業に力を入れる。鶴岡市立農業経営者育成学校を運営。子会社が有機農法で野菜を育て、地元の農家や農協と提携しブランド化を図るとともに、除草ロボットを開発している。

将来は林業や漁業、エネルギー産業にも手を広げたい考えだ。経営が分かる担い手を増やし、テクノロジーを駆使して、「一次産業を持続可能な事業として成り立たせる」と山中は意気込む。

「庄内には、自然も食も歴史も文化もある。地方都市の良いところが全部そろうここで、日本のモデルをつくっていきたい」

（文・原真）

◎新産業の拠点

大学の研究機関やベンチャー企業を集めた工業地区は、テクノパークやリサーチパークと呼ばれ、国や自治体の支援で各地につくられてきた。新産業の拠点となる一方、工場立地が進まず、地域コミュニティーとの隔たりが指摘される例も。

2001年設立の鶴岡サイエンスパークは、細胞内の物質を測定するメタボローム解析が盛んで、この技術を生かした上場企業も誕生している。

山形県の人口が減少する中、山形銀行は企業への融資や助言にとどまらず、「自ら産業の主体となって新たなビジネスを創造する」戦略を策定。鶴岡サイエンスパーク関係者の生活インフラを整備するべく、他の金融機関にも呼び掛けてヤマガタデザインに出資した。

絶滅から復活願い移住――見守るだけでは限界

2020/10/10

中央アルプスの最高峰・駒ケ岳（標高2956メートル）へ通じる登山道。ハイマツなどの高山植物が茂り、岩がのぞく斜面を、オレンジ色の上着をまとった4、5人が何かを囲みながら移動している。

「そこを空けてください」。小林篤《こばやしあつし》（33）が声を掛けてきた。止まって待っていると、茶褐色のニホンライチョウとひなが目の前を横切る。餌になるガンコウランなど高山植物の芽や種子のある所に向けて、鳥の歩みに合わせ、小林らがゆっくりと誘導していった。

長野県の中央アルプスでは、1967年にロープウエーが開通して数年後にライチョウが絶滅したと考えられていた。登山客が捨てた残飯がキツネやテン、カラスといった捕食者を呼び込んだのが原因とされる。

半世紀ぶりにライチョウを復活させるため、環境省は8月1日、北アルプスの南端、長野と岐阜県境にある乗鞍岳からヘリコプターで、3家族19羽を駒ケ岳に運んできた。

▼生後1カ月

頂上山荘近くに、ブルーシートと金網などで囲った3つのケージを作り、家族ごとに収容。信州大名誉教授の中村浩志《なかむらひろし》（73）が中心になって、1日2回、食事のため外に誘導した。

この3家族は同月7日までに順次、放鳥された。「放鳥といっても、ひなの様子を見て、もう大丈夫だと思ったら、ケージに戻さず見送るだけ」と小林。捕食者対策として、かごわなを使った捕獲も始めている。

小林は9月にも、放鳥後の様子を確認するため山に登った。「中村先生らの情報も合わせると、ひなは順調に育っている。ここまで大きくなれば、来年にはつがいができ、産卵も期待できる」

2年前に確認された雌1羽と一緒に3家族が定着して繁殖すれば、生息地を復活させることになり、絶滅のリスクは下がる。5年間で１００羽まで増やし、子孫をつなぐ繁殖集団を形成したい考えだ。

ライチョウは国の特別天然記念物。ハトより少し大きく、本州中部の標高2千メートルを超える高山帯で暮らしている。生息数は80年代に約3千羽と推定されたが、２０００年代には2千羽弱に減った。

生まれてから約1カ月は、自分で体温維持ができず、母親に温めてもらう。「長雨になると、餌を食べに出る時間が十分に取れず、死んでしまうこともある。ひなは飛ぶこともできないので、捕食者に襲われやすい」と中村が説明する。

この時期、悪天候と捕食者から人の手で守ってやれば、生存率は一気に高まる。ケージに収容して保護する方法は、中村が乗鞍岳で確立し、南アルプスでも導入した。

▼山小屋に居候

国は12年にライチョウの保護増殖事業計画を作成、動物園での人工繁殖などを進めてきた。野生のライチョウの移住は、今年4月からの第2期実施計画に基づき、今回初めて実施された。

小林は、この事業のため環境省信越自然環境事務所の職員に採用された研究者だ。千葉県の大学に通っていたが、卒業研究のテーマに「目の前で観察できる」ライチョウを選んだ。歴史的に狩猟の対象になることがほとんどなかったので、人を恐れず、近づいても逃げないからだ。

中村に師事し、一定数の生息が確認されている乗鞍岳で研究を重ね、信州大大学院に進んだ。「土日は働く

長野県の中央アルプス・駒ケ岳で、餌を探して歩いているライチョウのひなたち（撮影・仙石高記）

ことを条件に、山小屋に居候して研究したことも」。最初の研究テーマは、ライチョウが1年にわたって何を食べているか。その季節変化を、ついばみの回数から量的に分析した。

産卵前の雌や成長中のひなは、高山植物の他、昆虫類も食する。真っ白な姿をした冬の間は、高い木が育たなくなる森林限界の近くまで下りて、ダケカンバの冬芽を主に食べる――。そんな生態を明らかにした。

▼温暖化

「北アルプスでは、ニホンザルがライチョウのひなを捕まえたのを見た」。１９８０年代から調査に携わる中村が証言した。猛禽《もうきん》類のチョウゲンボウなども飛来する。低山で増えた動物が、高山帯に登ってきたのだ。

生存を脅かすのは、捕食者だけではない。南アルプスでは、イノシシやニホンジカのような動物が高山植物を食べて、多くの花畑が消えた。土壌の流出も始まっている。「ライチョウの餌やすみかが、どんどん奪われている」と中村。

地球温暖化の影響も顕著だ。気温上昇に伴い、ヒゲノガリヤスをはじめイネ科の植物などが高山に侵入してきた。新潟県の火打山では、ライチョウの生息環境を確保するため、国や自治体がイネ科植物を除去している。

「この20年、30年で高山の姿は大きく変わってきた。これからがもっと心配だ」。人が手を加えないで、見守るだけでは、もはや自然は守れず、ライチョウは絶滅してしまう。その危機感が、小林や中村を突き動かしている。


（文・諏訪雄三）

◎５００羽増を目指す

ニホンライチョウは、北アルプス、南アルプス、御嶽山などで繁殖する、氷河期からの生き残りだ。信仰の対象だった高山に生息するため「神の鳥」とも呼ばれる。１９５５年に国の特別天然記念物に指定され、93年に施行した「種の保存法」の保護対象にもなった。

２０２０～25年の第2期ライチョウ保護増殖事業実施計画では、中央アルプスに生息地を復活させ、全体の繁殖数を現在より５００羽増やすことを目指している。環境省のレッドリストで「近い将来野生での絶滅の危険性が高い種」に分類されているのを、「絶滅の危険が増大している種」へ、1ランク下げるのが目標だ。

新ビジネスの担い手育む――「第二のソニー」誕生を

2020／10／17

台車が机に近づくと、「下膳ロボット」のアームがすっと伸び、上手に食器をつかみ取る。それを見た小倉《おぐら》崇《たかし》（40）が、したり顔でうなずいた。ベンチャー企業スマイルロボティクスの社長だ。

昨年6月設立の同社は、東京都文京区本郷の東京大学前にあるインキュベーション（創業支援）施設「ネスト本郷」に入居。人工知能（AI）技術を活用した飲食店向けロボットの開発に力を入れる。

▼ガンダムの影響

小倉にとって、東大周辺はなじみ深い場所だ。子どもの頃に人気アニメ「機動戦士ガンダム」を見て、ロボットのとりこになり、ロボット研究で有名な東大の研究室で博士号を取得した。

学生時代、研究知識を生かして起業しようと真剣に考えた。だが「会社設立のイロハが分からず、あきらめた。相談できる人は周りに誰もいなかった」。当時、東大生で起業するのは一握りの「奇人変人」。結局、トヨタ自動車に新卒で入社した。

トヨタでは希望通り、ロボット開発の部署に配属されたものの、年功序列で縦割りの企業文化に「物足りなさを感じるようになった」。大学の後輩に誘われ、米IT大手グーグルのロボット開発部隊に転職する。

しかし、開発部隊は、早期の収益化が期待できないとして、解散を通告された。小倉は会社を飛び出し、当時の同僚とスマイルロボティクスを立ち上げた。「長年の夢だった起業に、ようやく再挑戦できた」

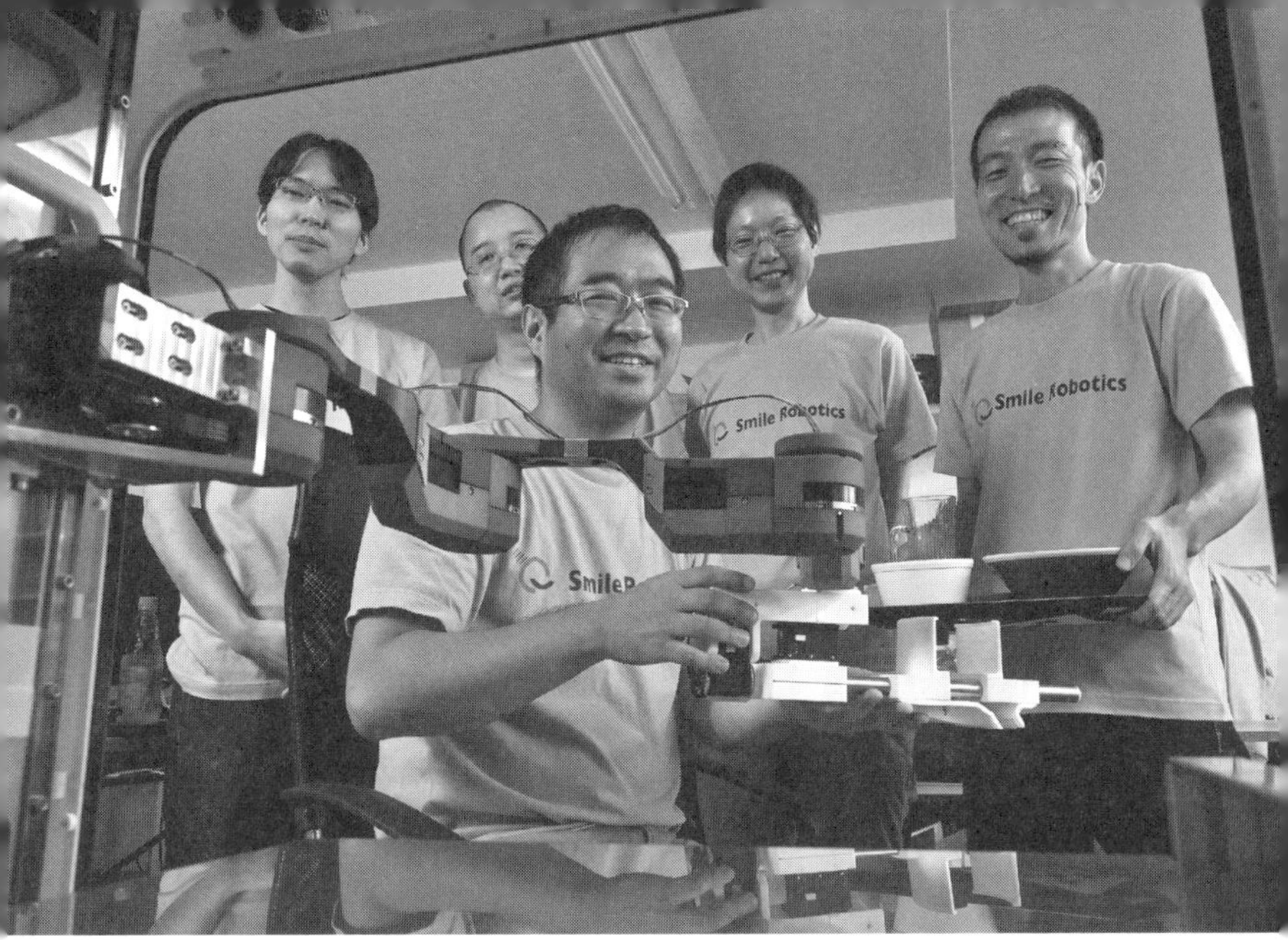

「下膳ロボット」を囲むスマイルロボティクスの小倉崇（中央）と開発メンバー＝東京都文京区のネスト本郷（撮影・萩原達也）

創業して間もなく、ネスト本郷に転がり込んだ。グーグルの東京オフィスが都心の高層ビルなのに対し、ここは築20年超の古びたビル。ただし、母校に近く、初心を忘れないようにするには、ぴったりだ。

もちろん、実利もある。ネスト本郷は賃料がただ。綱渡りの資金繰りが続くベンチャー企業にはありがたい。広さ約２００平方メートルの共用スペースなので、機材を持ち込み、思う存分、開発作業に打ち込める。「学生の時、こんな施設があれば、助かったのに」と小倉。

▼損して得取れ

ネスト本郷を運営するのは、東京都渋谷区に本社を置くベンチャーキャピタルのアンリである。同社パートナーの鮫島《さめしま》昌弘《まさひろ》（36）は「ここは起業家にとって、トキワ荘のような場所」と表現する。故手塚《てづか》治虫《おさむ》ら多くの漫画家を輩出した伝説のアパートと同様に、夢を追う者たちが集まり、切磋《せっさ》琢磨《たくま》する。

アンリは、有望なベンチャー企業に事業資金を投じるとともに、ネスト本郷を無料で提供する。投資先企業が株式上場を果たせば、保有株が値上がりして、大きな利益を得られる。投資先が軌道に乗った段階で、一般のオフィスビルに移転してもらう。

「投資のリターンを上げるには、起業家に事業に全力投球してもらうのが重要」と鮫島。「損して得取れ」の作戦だ。

現在、ネスト本郷には5社が入居する。東大本郷キャンパスの目と鼻の先に位置し、入居企業の経営陣には東大関係者が多い。大学の研究室と、この施設を行き来する現役学生の姿も見られる。

実は鮫島自身も東大出身。「もともとは天文学の研究者志望だった。在学中に米国に滞在したことが、大きな転機になった」。学生や研究者が自身の専門分野で会社を起こしたり、ベンチャー企業の経営に参画したりする姿を目の当たりにして、衝撃を受けた。

日本では、学生時代の小倉のように、起業を断念する人が少なくない。博士号を取りながら、任期のある職にしか就けない「ポスドク」の問題も深刻化している。鮫島は「優秀な頭脳に活躍の場をつくりたい」と、三菱商事からベンチャーキャピタル業界に転じ、２０１６年にネスト本郷を開設した。

▼本郷バレー

それから4年。「東大生の起業環境は大きく変化している」。久しぶりに東大周辺に舞い戻った小倉は、後輩の動向に驚きを隠さない。

ＡＩやロボットをはじめ、東大が熱心に研究する技術分野が産業として開花した一方で、東大生の主な就職先だった中央官庁や大企業は不祥事やリストラで人気が低下。新ビジネスの担い手を目指す学生が急増している。

優秀な学生や研究者をスカウトしようと、ベンチャーキャピタルや大企業は、本郷キャンパス周辺にインキュベーション施設を相次ぎオープンさせている。金融緩和によるカネ余りも相まって、18年にソフトバンクグループが、昨年には東大と三菱地所が共同で、新たな施設を開いた。いずれも無料か格安料金でベンチャー企業を入居させ、経営相談に乗る。

かつて「起業不毛の国」と揶揄《やゆ》された日本だが、今や東大周辺は米シリコンバレーをもじって「本郷バレー」と呼ばれ、熱気を帯びる。鮫島は「第二のソニー、第二のトヨタをネスト本郷から誕生させたい」と力強く話した。

（文・小川悠介）

◎起業熱、各地に

ベンチャー企業の集積地としては、東京都内では渋谷の「ビットバレー」や六本木ヒルズが先駆けといえる。近年は、東大のある本郷の他、五反田や日本橋にも集まる。新興企業が交流団体をつくり、勉強会などを開催する例も。

関西では、大阪市の「にしなかバレー」が有名だ。梅田と新大阪の間にある西中島近辺で、数十のベンチャー企業が活動する。

新型コロナウイルス感染症流行に伴うリモートワークの普及で、地方の起業家も、東京のベンチャーキャピタルや大企業と簡単に出会えるようになった。起業熱は各地に広がりそうだ。

歌がつなぐ島のコミュニティー――癒やし、交流、情報交換

「空港のデッキに　一人たたずむあなたの姿　空と海の青に包まれて　小さくなったあなたが涙でかすんだ」。静かな店内に哀愁を帯びた歌声が響く。整形外科医、森浩二《もりこうじ》（58）はギターを手に、8年前に亡くなった父の思い出を歌った自作曲「想《おも》い、彼方《かなた》から」を披露した。

奄美大島の南端、古仁屋《こにや》港（鹿児島県瀬戸内町）の近くにある真菜館《まなかん》は、金曜夜だけ開くフォーク酒場だ。福岡県広川町の姫野病院に勤務する森は毎週末、奄美へ飛び、生まれ故郷にある瀬戸内徳洲会病院で診察する。

▼心の支え

「患者さんたちとはつながりが深く、みんな慕ってくれる」。週末の診療は、自分を育ててくれた古里への恩返し。金曜日一晩だけの歌は、休みなく働き続ける森のつかの間の息抜きだ。

姫野病院でも月に1回ライブを開く。「歌が上手で、診察は優しい。人格者です」。同病院に通う患者の横山《よこやま》方子《のりこ》（76）は大の森ファンだ。手術経験も豊富で確かな技術を持ち、温厚な人柄で患者からの信頼は厚い。

森は高校時代、美しい海に囲まれた港町で、サッカーに没頭する一方、吉田拓郎や井上陽水、かぐや姫などのフォークソングが好きで、ギターを弾いて文化祭で歌った。

医師への道は平たんではなかった。東京で浪人したが、マイペースで人との競争が苦手。有名予備校の授業についていけず、いったんは受験をあきらめた。飲食店のアルバイトをしながら、その日暮らし。どう生きれ

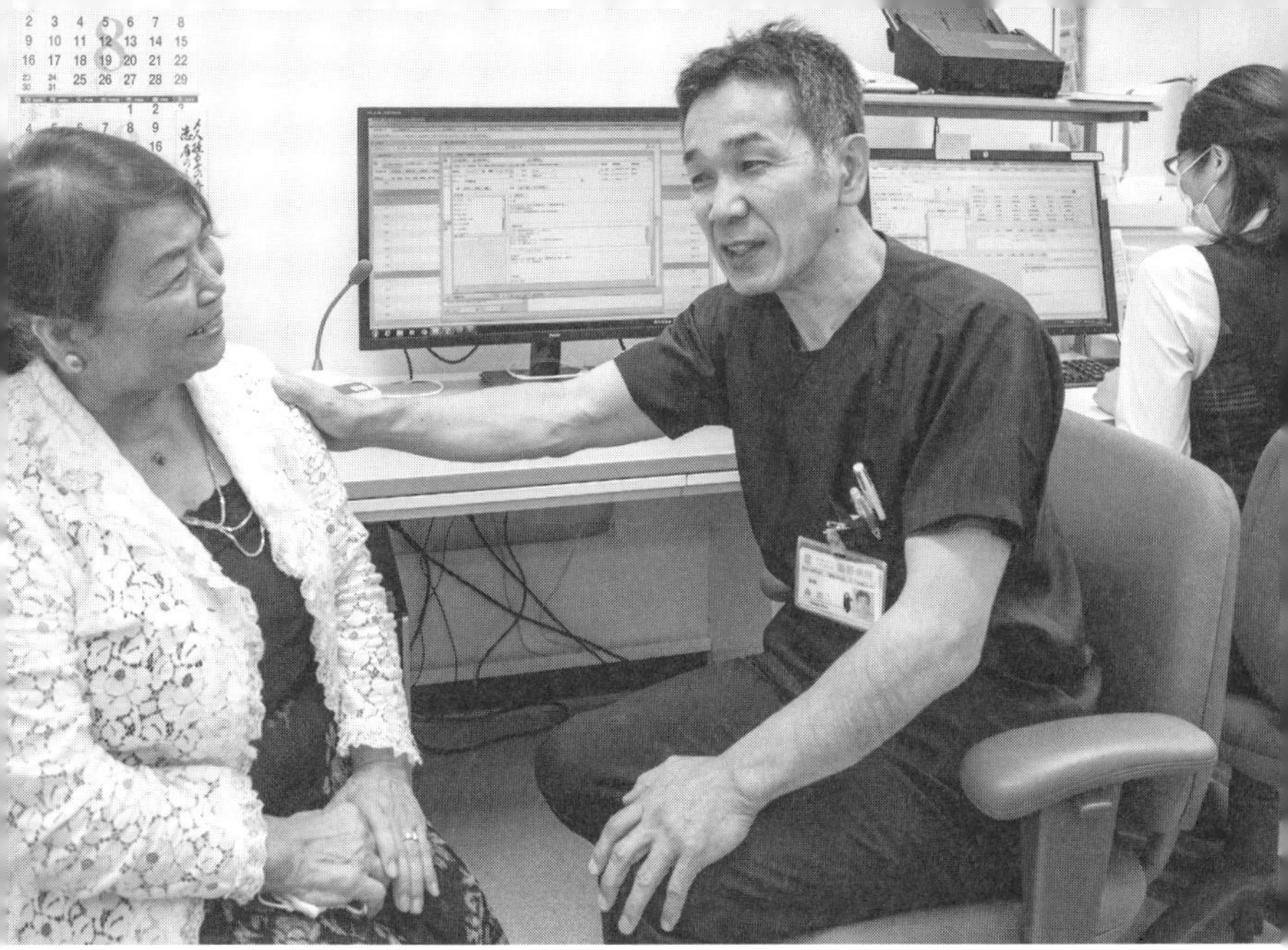

勤務する姫野病院で月に１回ライブを開く整形外科医の森浩二。診察を受ける横山方子（左）は森の大ファンだ＝福岡県広川町（撮影・藤井保政）

ばいいのか。友も恋人もなく、迷い続ける日々。

「どんなに深く彷徨《さまよ》っても　私を信じてるあなたがいた　どんなに固く閉ざしても　私を呼び続けるあなたがいた」。自作曲の歌詞のように、父は温かい励ましの手紙をよくくれた。これが心の支えだった。

「やはり医師になろう」。2歳下の弟の大学進学に刺激され、初志を貫くことにした。土日は警備員のアルバイトをしながら、自分独りで黙々と勉強した。25歳で鹿児島大医学部に合格した。

▼生きる力

真菜館のオーナー古谷《ふるたに》雄《ゆう》一郎《いちろう》(62)は高校を卒業後、大阪市で約30年働き、奄美に戻ったUターン組。12年前に真菜館をオープンしたが、その後始めた障害者への就労支援事業が忙しく、店は休眠状態になっていた。5年前、友人に紹介された森の希望で、金曜日だけ店を開けることになった。

古谷も高校時代に自作のフォークを歌い、路上ライブをやった。プロになりたかったが、夢はかなわなかった。森と古谷の出会いから、真菜館はにわかに活気づく。

森は人気者になり、歌好きの同世代が集まるように。常連客から健康相談を受け、徳洲会病院で腱鞘炎《けんしょうえん》や膝の手術をしたこともあった。

「居心地のよい場所。女性バンドの練習でも使わせてもらっている。ドラムがたたける場所は他にない」と郵便局員の平由岐代《たいらゆきよ》（56）。

徳勝文《とくかつふみ》（57）は真菜館に来るようになって、高校以来やめていた音楽を再開した。「仕事もなく、認知症の母親の介護に疲れ果て、母を殺してわたしも死のうかとまで思い詰めていた頃、真菜館に出合った。癒され、生きて介護を続けていく力をもらった」

古谷は、人間不信になり落ち込んでいた徳を励ました。徳にリードギターを任せて、東京で開かれた歌のコンテストにも2人で出場した。

「昼間の仕事で疲れていても、店に来てみんなの楽しそうな表情を見ると、本当にうれしい」と古谷。

▼すぐ仲間に

真菜館には地元のフォーク世代だけでなく、音楽が好きなさまざまな年齢、職業、国籍の客が訪れる。一時的な帰郷者、移住者、観光客、語学講師の外国人……。

「顔見知りの年上の方々が生き生きと歌っているのを見て、びっくりした。年は違っても、すぐに仲間になれる和やかな雰囲気だ」。町職員、祐島大作《すけしまだいさく》（36）は先輩に誘われて真菜館を訪れた時の印象を語った。

昨年夏には、常連客の男性と会社員の女性が意気投合し、結婚した。森と古谷は披露宴に出席、2

次会は真菜館で盛大に祝った。

瀬戸内町長の鎌田愛人《かまだなるひと》（57）も時に顔を見せ、十八番の長渕剛のナンバーを歌っていく。真菜館は歌がつなぐ地域のコミュニティーとして、出会いや交流、情報交換の場となっている。

森は金曜朝、瀬戸内徳洲会病院に駆けつけ、多くの患者の診察や手術に当たる。仕事を終え、夜遅く真菜館を訪れ、黒糖焼酎を飲みながら、ビートルズやＢＥＧＩＮの「島人《しまんちゅ》ぬ宝」を歌う。至福のひとときだ。

「古里のコミュニティーを大切にしたい。ここから人の輪が広がれば。辺鄙《へんぴ》な集落の患者さんも多く、週末の島の診療は増やしても減らすことはない。体の続く限り続けたい」

（文・森保裕）

◎島唄

瀬戸内町は鹿児島市の南約４２０キロの奄美大島最南端にある。奄美は琉球音階により、三線や太鼓で歌う伝統的な民謡、島唄で知られる。同町出身の歌手、元《はじめ》ちとせさんは子どもの頃から島唄を歌ってきた。

同町では、クロマグロや真珠、車エビが養殖され、タンカン、パッションフルーツ、マンゴーなどが栽培される。大島本島部と加計呂麻《かけろま》島の間の大島海峡一帯は自然の景観が美しく、奄美群島国立公園に指定されている。

１９５５年に約2万6千人だった人口は昨年には約9千人に減少。町は全国から移住者を募り、県立古仁屋高校に県外の生徒を受け入れているが、人口減少には歯止めがかからない。

誰もが安心して学べる場に——亡くなった後輩は「僕」

木々に囲まれた東京都国立市の一橋大。研究棟の一角に、その部屋はある。小さな丸テーブルとクッションが置かれ、本棚には性の多様性に関する書籍が並ぶ。新型コロナウイルス感染症の影響でまだオープンしていないが、ＬＧＢＴなど性的少数者らの居場所となる「プライドフォーラムリソースセンター」だ。

5年前の学内での事件をきっかけに、同大と卒業生が共同で開設した。中心になったのは、ＬＧＢＴとその理解者の交流を進めるＮＰＯ法人グッド・エイジング・エールズ（渋谷区）の代表、松中権《まつなかごん》（44）だ。

▼モノクロの記憶

２０１６年8月、松中は電通社員としての仕事で、五輪開催中のブラジル・リオデジャネイロにいた。同性愛者であることを公言しており、次の東京五輪で性的少数者を日本社会にどう認知させるかを考え、「ワクワクしていた」。

だが、日本から飛び込んできたニュースに、過呼吸になるほどの衝撃を受ける。母校の一橋大で15年、ゲイの大学院生の男性が転落死した。ＬＩＮＥの友人グループで、同級生からゲイだとアウティング（暴露）された後の出来事だった。

記事を読むうち、松中に「モノクロの日々」の記憶がよみがえった。

金沢市の保育園に通っていた頃、気になる男子がいた。自分が何者か分かったのは、小学生時代にテレビ

東京・新宿２丁目の老舗ゲイバーを引き継いだ松中権。新型コロナウイルスの影響でオープンを延期することになったが、「新しい居場所になれば」と話す（撮影・堀誠）

で、お笑い芸人が演じるゲイのキャラクターを見た時。からかわれる存在であるとも気付いた。こっそり辞書で「同性愛」を調べると、「異常性愛」の文字。「世界がモノクロに変わった。絶対にばれてはいけないと思うようになった」

一橋大法学部に入り、ホッケー部に所属した。チームメートがゲイをネタにした話で盛り上がると、動揺を悟られないよう、率先して笑った。

亡くなった男性もアウティング直後、ちゃかすような言葉を返信していた。頭をフル回転させ、お調子者を演じていた過去の自分に重なった。

「彼は僕だった。人間関係やタイミングが少しでも違えば、僕も死に至っていた。当事者は綱渡りの生活を送っているのが日本の現実。自分は何をしてきたのか」。松中は16年勤めた電通を辞め、グッド・エイジング・エールズの活動に専念することを決めた。

▼本当の自分

松中は19年、一橋大卒業生の有志で、性的少数者の問題を考える任意団体を設立。同大ジェンダー社会科学研究センターも「差別なく学べる環境づくりが必要」と考えており、共同事業を始めた。

性的少数者を巡る課題を学ぶ連続講座の開催とともに、力を入れたのが、プライドフォーラムリソースセンターの開設だ。悩みを抱く当事者も、その理解者も、性の多様性を学びたい学生も、安全に過ごせる場所を目指す。

松中が念頭に置くのは、大学4年の冬から留学したオーストラリア・メルボルン大の「クイアルーム」。多様な性を象徴するレインボーフラッグが飾られ、当事者も理解者も自然に過ごしていた。松中が意を決して部屋を訪ね、ゲイだと告白すると、他の学生から「彼氏はいるの」と自然に聞かれた。「ようやく本当の自分になれた瞬間だった」と振り返る。

▼変化を促す

プライドフォーラムリソースセンターの運営は学生が担う。代表の大学院修士課程2年、本田《ほんだ》恒平《こうへい》（25）は留学先で、亡くなった男性の妹と知り合った。「縁を感じた」。昨年の男性の命日には大学当局と交渉し、献花台を設置。遺族を連れてきた松中から、声を掛けられた。

学部3年の山口《やまぐち》紗英《さえ》（21）は性的少数者だ。高校生の頃、性的少数者についての入門書を手に取った。「女性は結婚して出産するもの」といった周囲の価値観に対し、「理論武装して、闘ってきた」。

センターに携わるきっかけは、共同事業の開始イベントで、松中の講演を聴いたこと。「つながることのできる場所が必要」との言葉に、「これだ」とすぐに手を挙げた。

その直前、性の在り方に悩む知人から、相談を受けた。山口が自らのことを伝えると、「自分のような人間は、この世で1人だと思っていた」と言われた。「孤独や不安を抱える人のために、つながりをつくることが必要だと気付いた」と振り返る。

本田も山口も「尊敬できる友人に出会えた一橋大が好き。だからこそ、誰もが安心して学べるキャンパスにしたい」と口をそろえる。

事件後、国立市はアウティングを禁止する条例をつくった。子どもの頃の松中が衝撃を受けた辞書の「異常性愛」との記述も、もうない。松中は後輩たちに呼び掛ける。「誰かが行動を起こして、変えてくれた。自身が変化を促す存在になることが大事だ」

（文・三浦ともみ）

◎4人に1人が経験

性的少数者とは、同性愛のゲイ、レズビアン、両性愛のバイセクシュアル、出生時の性と自認する性が異なるトランスジェンダーの人らを指す。英語の頭文字を取ってＬＧＢＴなどと呼ばれることもある。

性的少数者にとって、性的指向や性自認を本人の同意なく暴露される「アウティング」は、社会生活を崩壊させるほど危険な行為といわれる。宝塚大の日高《ひだか》庸晴《やすはる》教授が当事者1万人余りに実施した調査では、約25％が経験。自治体や企業に対策を求める声が上がっている。

6月に施行された国の女性活躍・ハラスメント規制法の指針でも、アウティングはパワハラの一類型に定められた。

㊺地域資本主義

個性的なまちづくりを支援――古都・鎌倉のＩＴ企業

２０２０／11／７

面白法人カヤックは、独創的なインターネット広告やゲームの制作で知られる上場企業だ。本社は神奈川県鎌倉市にあるが、２００２年からリモートワークを導入、イタリアなどに「旅する支社」を置いたことも。新型コロナウイルス感染症の流行で緊急事態宣言が出て以降は、ほとんどの社員が在宅勤務になった。

しかし、最高経営責任者（ＣＥＯ）の柳澤《やなさわ》大輔《だいすけ》（46）は今、出社を推奨している。感染防止のため、職場で社員同士が向き合わないよう机の配置を変え、会議室も改装した。「リモートだと、新しいものを生み出す感覚が弱くなる。１カ所に集まって、人と交わるからこそ、良いものができるし、成長も感じられる」と強調する。

▼カマコン

柳澤は、父の転勤先だった香港で生まれ、東京で育ち、神奈川県藤沢市の慶応大湘南藤沢キャンパスで学んだ。

レコード会社で２年間働いた後、「何をするかより、誰とするか」を重視して、大学の同窓生２人とカヤックを設立。給料の一部をさいころで決めるなど、ユニークな経営で注目を集める。02年、本社を東京から古都・鎌倉に移した。

学生時代から遊びに来ていた鎌倉は、海も山も、神社仏閣もある。「満員電車で通勤するのはストレスになる。働いて楽しい所、住みたい所を選んだ」と柳澤。

カヤックの移転後、パソコンとネットがあれば仕事ができるＩＴ企業が次々に鎌倉へ進出し、「カマコンバレー」と呼ばれるように。だが、歴史的景観を守るため高いビルを建設できないなど、ビジネスには制約もあり、事業が拡大すると東京へ戻る企業も相次いだ。

「地方が盛り上がるには、会社が増えていくことが必要。どうしたら、残ってもらえるか。このまちに愛着を持てるよう、まちづくりを『自分ごと』にできれば」

そう考えた柳澤は13年、「カマコン」を始めた。鎌倉を盛り上げたい人が集い、プロジェクトを提案、みんなでアイデアを出し合って、実行する場だ。市議選の候補者比較サイトを作ったり、中止が決まった花火大会を復活させたり……。自由な雰囲気でブレーンストーミングを行って成果を上げ、他の地域にも広げていく。

▼まちの社員食堂

地元の能楽師、中森貫太《なかもりかんた》（59）もカマコンに参加している。運営する鎌倉能舞台の活用を呼び掛け、公演チケットをふるさと納税の返礼品にすることなどが実現した。

コロナ禍で仕事を失ったアーティストによる能舞台での芸術祭も開いた。「できそうなアイデアは、どんどんやってみた。カマコンのメンバーがボランティアで手伝ってくれた」と喜ぶ。

鎌倉で働く人が交流する「まちの社員食堂」、地元企業に勤める人の子どもを預かる「まちの保育園」も、カマコンから生まれた。

銘菓「鳩サブレー」を製造販売する豊島屋は、保育園の共同経営などでカヤックと手を携えている。豊島屋社長で鎌倉商工会議所会頭も務める久保田陽彦《くぼたはるひこ》（61）は「柳澤さんは鎌倉を利用するのではなく、良くしようと考えてくれている」と評価する。

３密を避けるレイアウトにした面白法人カヤックの柳澤大輔。経営理念は「つくる人を増やす」だ＝神奈川県鎌倉市（撮影・宮川勝也）

「新興だろうが老舗だろうが、そういうところとは一緒にやっていきたい。ベンチャーの人たちは今までにない発想をするし、スピード感がわれわれと違って、楽しい」。鎌倉市が売り出した海水浴場の命名権を購入、「由比ガ浜」をはじめ元の名前を守ったまちのリーダーが、笑顔を見せる。

▼個性を大事に

カマコンの広がりに手応えを感じた柳澤は、地域の持続的成長を支援するビジネスに乗り出した。

18年に立ち上げた「ＳＭＯＵＴ（スマウト）」は、移住者と地域のマッチングサービス。移住を希望する人がサイトにプロフィルを登録すると、興味を持った自治体からスカウトのメールが届く。コロナ禍で在宅勤務が普及するにつれ、首都圏の登録者が急増している。

「まちのコイン」は、スマートフォンでやりとりする新たな地域通貨だ。域内の消費を増やすだけでなく、コインをもらって使うたびに、人と人が仲良くなることを目指す。飲食店のちょっとした仕事を客が手伝うと、裏メニューが楽しめるような仕組みで、福岡県八女市などで運用がスタートした。

柳澤は「地域資本主義」を提唱している。従来の資本主義が利益や生産性など経済資本を絶対視するのに対し、地域での人のつながりである社会資本や、自然や文化といった環境資本を重んじる。

「経済成長は否定しないけど、富の格差が広がる競争をするより、オリジナリティーを追求した方がいい」と柳澤。「カヤックは面白法人として個性を大事にしてきた。会社も地域も同じだと思う。それぞれの地域に特色が出て、そこが好きで住む人が増えれば、幸せになるんじゃないか」

（文・原真）

◎若者の移住希望者は増加

政府の地方創生の掛け声とは裏腹に、東京一極集中に歯止めがかからない。日本全体の人口が減る中、首都圏は転入超過が続いており、大企業の本社の大半も東京にある。

とはいえ、定年後に故郷で農業に就いたり、子育て中に自然を求めて地方都市に転居したりする人も少なくない。特に東日本大震災やコロナ禍をきっかけに、地方移住への関心が高まり、国や自治体は受け入れ態勢を強化している。

ＮＰＯ法人ふるさと回帰支援センターによると、近年は20、30代の移住希望者、特にUターン志望者が増えている。若者の価値観の多様化や、非正規労働の増加など雇用環境の悪化が、背景にあるとみられる。

㊻化学物質過敏症

2020／11／14

安心できる家をつくる――患者と向き合う建築家

突然の変調だった。それまで何も感じなかった台所洗剤や印刷物の臭いで、気分が悪くなる。化粧をすると、だるい。コーヒーの香りにも体が拒否反応を起こす。頭痛がひどく、のどが渇き、極端にイライラする。主婦の安藤《あんどう》恵里花《えりか》（48）＝仮名＝は２０１３年、自らの症状に驚き、インターネットで調べて専門クリニックへ。眼球の動きや平衡感覚の検査を受け、化学物質過敏症（ＣＳ）と診断された。

▼シックハウス

「やっぱり、そうだった」。思い当たる節があった。４年前に入居した東京都江戸川区の賃貸マンションは、押し入れから嫌な臭いがした。建設業者に見てもらったが、「異常ない」と言われた。

子どもの頃から新築マンションで暮らし、できたばかりの小学校に通った。建物の有害物質が原因で発症するシックハウス症候群が悪化して、ＣＳに至ったのではないか。「いろんなものが体に蓄積され、これ以上、耐えられないということになったんでしょう」と安藤。

住まいが原因なら、転居するしかない。有害物質の発散が少ないと思われる古いマンションへ引っ越した。十分に下見をしたつもりだったが、体調はさらに悪化。夫からは「大丈夫って言ったじゃないか」と責められる。やむなく、同じ区内の実家に避難した。

ＣＳ患者の支援団体に相談したところ、壁紙の上から塗装をして化学物質の発散を抑える方法を紹介され

むく板の床、ほうろう製システムキッチンなど、化学物質を徹底的に排除した自宅で過ごす安藤恵里花（仮名）＝東京都小平市（撮影・堀誠）

た。マンション大家の許可を得て工事したが、効果は乏しかった。

「私に合わせて、家を新築するか、中古住宅を買って根本的にリフォームするしかない」。安藤は物件を探し回り、東京都小平市にあった築約30年の木造2階建てを購入。西東京市の建築事務所「ひと・環境計画」を主宰する浜田《はまだ》ゆかりに、改築を依頼した。

▼むく板、ほうろう

17年に完成した家は、化学物質を徹底的に排除している。床は、接着剤を含む合板ではなく、イタヤカエデのむく板。浜田に借りた木材の見本の臭いをかいだり、枕元に置いて寝てみたりして、唯一、違和感がなかった樹種だ。米ぬかが原料のオイルを塗って仕上げた。

建具も、むくの木で作った。壁と天井は、おがくず入りの紙クロス張り。システムキッチンやユニットバスは、金属をガラス質で覆ったほうろう製だ。壁板はセメント板や石こうボードで、壁の中の断熱材はウール。壁内の有害物質が部屋に出てこないよう、スイッチボックスなどは密閉した。

新居に移り、安藤は「すごく楽になった」と喜ぶ。「家の中の空気は大事なんだと、改めて思った。浜田さんのおかげで、生活することができています」

設計した浜田も、実はＣＳだ。小学生のとき、東京都内の自宅にシロアリ駆除業者が入った後、ぜんそくに。「とにかく体が弱かった」。武蔵野美術大を卒業し、大手建材メーカーに勤めたものの、体調不良で退職した。

「健康な住宅」を目指す建築家の故高橋元《たかはしげん》と出会い、１９９５年、ひと・環境計画の設立に加わる。生態系に配慮したドイツの建築を視察するツアーを企画したり、機関誌で情報を発信したり。

ある日、相談に来たＣＳ患者の症状が、自分と似ていることに気付いた。専門医を受診、ＣＳと宣告される。「これまでのことに合点がいき、もやもやが晴れた」。以来、同じ境遇の患者の家づくりを手掛けてきた。

▼数年たつと回復

「リフォームしたら、具合が悪くなった」「新築の家を購入したのに、住めない」。浜田のもとには、切羽詰まったＳＯＳが届く。「家族からも『怠け病』などと言われ、苦しんでいる人が多い」と浜田。じっくり話を聴き、時には一緒に泣いて、とことん付き合う。

長年の経験から、中途半端な改築は禍根を残すと強調する。「がんが転移して、手術を受けるとき、『お金がないから、この臓器だけ取ってください』とは言わないでしょう？　家も同じ。化学物質はどこにでもある。一部を取り除いても、他が残っていたら、症状は治まらない」

浜田の設計でリフォームしても、すぐに症状が改善することは少ない。当初は、慣れない自然素材に体が反応し、むしろ悪化する。しかし、数年たつと、ほとんどの患者が回復していく。自宅から外出できなかった人が、7年後に街へ出られるようになった例もある。

浜田自身は今も、近隣から漂う洗濯物の柔軟剤の臭いなどに悩まされている。自宅兼事務所から出掛ける際は、活性炭マスクを欠かせない。事務所の経営は常に厳しい。

「私が携わるケースは全て、最初はハッピーじゃない。でも何年かして『元気になったよ』って言われると、人のためになっていると実感する。だから、やめられない」

それぞれの自宅を、本来の安心できる居場所にするため、浜田は患者と向き合い続ける。

（文・原真）

◎未解明の点が多い

化学物質過敏症は、微量の化学物質により心身にさまざまな症状が出る病気とされるが、未解明の点が多い。シックハウス症候群との関連が指摘されている。

治療として①化学物質の発生源から離れる②体に取り込んだ化学物質を運動や入浴で排出する③解毒作用のあるビタミンなどを摂取する――といったことが行われている。

シックハウス対策としては、2003年施行の改正建築基準法が、ホルムアルデヒドを含む合板や壁紙の使用を制限、換気システムの設置を義務付けた。だが、トルエンやキシレンをはじめ、建築に使われる他の化学物質は規制されず、同法に適合した建物でも健康被害が生じる恐れは残る。

体にしみ込んだ郷里の味――俳優あきらめ塩作り

2020／11／21

東京から約３６０キロ南の太平洋で、黒潮に洗われる絶海の孤島・青ケ島。早朝、山田《やまだ》アリサ（58）は海水をくみ上げていた。給水車から伸ばしたパイプを海に入れ、約３トンを吸い込み、１カ月かけて塩を作る。

▼島から出たい

火山島の青ケ島は周囲に外輪山がそびえ立ち、くぼ地のカルデラに内輪山が盛り上がる。その斜面にある噴気孔から、蒸気が噴き出ている。島の人々は噴気孔を「ひんぎゃ」と呼ぶ。「火の矢」から転じた言葉だ。

山田は、この地熱蒸気を利用している。横約２メートル、縦１・５メートル、深さ30センチのチタン製の釜に海水を入れ、その下に蒸気を通す。じっくり温め続け、大粒で甘みがある島特産の「ひんぎゃの塩」に仕立てる。

最近は引き合いも多くなったが「大量生産はできないので、戦略は拡大より深掘り、この塩の特長を生かしてくれる人に売っていきたい」。温度が50度にもなる製塩場で、山田は顔に汗をにじませながら笑顔を見せた。

山田は１９６２年、青ケ島に生まれた。両親は島の出身ではなく、当時としては現金収入が豊富な教員だった。多くの島民は自給自足に近い生活を送っており、山田は「お嬢さま」的な存在。狭い島社会は全員が知り合いで、うわさは瞬く間に広がる。

山田は窮屈な思いを募らせ、「島外志向」を強めていった。幸い島には小中学校しかなく、横浜の全寮制の高校に進んだ。

▼挫折

高校の授業で演劇と出合った。「ライオンになってみて」。教員の指導で、普通の女の子が見事にライオンになりきる姿を見て、引き込まれた。1年間オーストラリアに留学し、帰国して短大に進学した後、劇団「文学座」の研修生に。活動に打ち込んだが、上位クラスには進めなかった。

失意を抱えて島に帰ったが、再び芝居の世界に呼び戻される。劇作家の井上ひさしが立ち上げた「こまつ座」に誘われた。

一人一人の個性が濃厚なこまつ座の芝居に、衝撃を受けた。「ここに関わっていたい」。下積みをしながら、井上書き下ろしの作品で役をもらい舞台に立った。

井上に言われた。「君には癖があり、子どもか老人の役しかできない。それを己独自の芸にするまでとことんまで磨き込むか、あるいはどんな役でもこなせる技術を身につけ食いつなぐだけにするか」。芝居の世界に残れる選択肢は二つのどちらかしかない、そう受け止めた。

そんな時、東京で同居していた母が体調を崩す。父は既に他界していた。「そろそろ頃合いだ」。俳優の道をあきらめた。間もなく、母も亡くなった。

98年、島にある実家を補修して賃貸に出すため、一時滞在のつもりで戻った。深い孤独感に襲われたが、家を掃除していると、両親の存在を感じ、気持ちが穏やかになっていった。

島の人が戸を開け、ぶっきらぼうに「食え」と言って、魚や野菜を突き出す。もらった食材を口にした瞬間、うま味や栄養が体の中にしみ込んできた。「細胞がよみがえってくるようだった」。自然に涙がこぼれた。

地熱蒸気を利用して水分を蒸発させて塩にする。製塩場の温度は50度にもなる＝東京都青ケ島村（撮影・堀誠）

▼娘との時間

建設会社の賄いの仕事で生活費を得て、島で暮らすようになり、島の男性と結婚、長女の果凜《かりん》＝現在（21）＝が生まれた。

村営製塩所の求人に応じ、海水を濃縮する釜場で働き始めた。重労働だったが、作業時間の短縮など工夫を重ね、次第に慣れていった。

この間、夫との関係はぎくしゃくしていく。果凜が小学4年生の時、離婚を決意し、娘を引き取った。問題は生活費だった。東京に出れば仕事はあるだろうが、娘と一緒にいる時間が少なくなってしまう。釜場での収入でぎりぎり暮らしていける。島に残ることにした。

２０１１年に製塩事業所が民営化された際、経営を引き継いだ。パッケージを変えるなど新たな戦略を打ち出し、4年ほど前から売れ始めた。普通の食塩に比べ割高なため、一般家庭用への広がりには限界があるが、環境意識の高い食品メーカーや、味へのこだわりが強いすし店などが使ってくれている。

長野市のマツワ食品もその一つだ。スモークサーモンの調味料には通常、塩と砂糖、スパイスを使うのに対し、同社はひんぎゃの塩だけで味を決める。

開発担当の中島《なかじま》琢也《たくや》(48)は「当初は、蒸気を使う環境への優しさに引かれたが、魚の味をしっかり残す機能があり、調味料としても優れていることが分かった」と評価する。

「今、この島にあるものを大切にして、ここで生きていきたい」。島特有の強い風に吹かれながら、遠くの海を見ていた山田は、自らに語りかけるようにつぶやいた。

（文・高山一郎）

◎ヘリ着陸できず

青ケ島には羽田から飛行機で八丈島に行き、そこからヘリで向かった。八丈島から1日1往復するフェリーは荒波で欠航の可能性が高いと、島の人にヘリを勧められたからだ。出張当日、ヘリは予定通り青ケ島上空まで来たが、厚い雲に覆われ陸地が見えず八丈島に引き返し、翌日、臨時便に乗った。

島からの産品の出荷や、島への物資の輸送は船便頼り。欠航すれば物流は滞り品不足になる。商店の棚はすぐ空になるため、島民は食料を多めに備蓄している。経済活動は多くを公共事業に依存しており、過疎化が進む。人口は２０２０年10月1日現在、１６３人。東京都青ケ島村は全国で最も人口が少ない自治体だ。

㊽文系博士　2020／11／28

知識を社会に還元したい――論文を本に、出版社設立

澄み切った空。柿が実る、里の景色の向こうに南アルプスの峰が連なる。長野県南部の喬木村《たかぎむら》にある飯田養護学校の教室では、生徒3人が店長、店員、客の役をする「買い物学習」を、土居正城《どいまさき》（51）が見守っていた。

土居は副教務主任。担任学級を持たない「何でも屋」の教師だ。この日は若手教師の依頼で授業の改善策を探る。「生徒の反応を横から見て、どうすれば授業を良くできるか、一緒に考える」

大事なのは改善策が本当に有効か、客観的に評価すること。でなければ忙しい中、相談してくれた先生たちに申し訳ない。だからデータを取り、検証する。土居は学校教育学の博士でもある。

▼土日に研究

東京出身の土居は信州大理学部数学科を卒業。県内の中学で教えながら通信教育を受け、小学校の教員免許を取る。小学生を教える中で不登校の子、発達障害と診断された子たちに出会った。

「子どもたちが苦しんでいる時、支援できるようになりたい」と大学の通信課程で心理学を学び、さらに新潟県の上越教育大大学院に進む。

研究テーマは、保護者や教師の悩みに対応するスクールカウンセラーと教師の連携。「調べると、どこでも連携は進んでいない。なぜなのか」

2年間の修士課程を経て博士課程に入り、仕事と並行して研究を続けた。研究は土日のみ。食事以外は自室

授業の中で、先生と生徒の両方の様子を観察して記録する土居正城。放課後、先生の意図通りに学習が進んでいたかなどを一緒に検討する＝長野県喬木村の飯田養護学校（撮影・藤井保政）

にこもって文献を読み、考える。3年間で論文5本を学会誌に発表し、学会賞も受けた。「やっと家族に説明できると、ほっとした」

博士となってからは研究対象を広げ、「定時制高校の卒業生が社会に適応する上で必要な技能は何か」「障害のある子がより良く暮らすための支援は」といったテーマにも他の研究者と取り組む。

目下の関心は、子どもたちの不適切な行動をどうすれば改善できるか。「心理学を基に、適切な行動を引き出す方法を探したい」。どうしても解きたい問題の一つだ。

▼売れる形に

頑張って仕上げた博士論文を本にして、関心のある人に読んでもらいたい――。そんな思いを温めていた土居は昨年夏、「日本の研究者出版」というウェブサイトに目を留める。いわく「博士論文を無料で出版いたします」。

呼び掛けたのは高山《たかやま》善光《ぜんこう》（33）。東京のベンチャー企業でデータ分析の仕事をし、大学非常勤講師も務める文系博士だ。

論文で評価される理系と違い、文系では著書も重要。でも学術書は売れない。出版社に持ち込むと１００万円以上の自己負担を求められる。ならば「売れる本」を作ろう。論文は読みやすい形に書き直してもらう。その分、高めの印税を支払う。

「文系博士は社会に居場所がない。アルバイトなどで日銭を稼ぎ、研究職を目指すケースが多い。時給千円、２千円で働き、ためたお金を出版につぎ込む状況をなくしたかった」と高山は言う。

昨年春にサイトを開設すると、問い合わせが相次ぎ、土居を含む３人の論文の書籍化を決める。エッセーを募り、「研究者の結婚生活」という本に仕立てて話題を呼ぶ。

「出版は手段の一つ。狙いは文系研究の知識を社会に還元し、博士の地位を向上させ、論理的思考を社会に広めること。今は個人経営の出版社を株式会社にして、出版以外の事業も展開したい」

▼インフラづくり

高山の行動力の原点は高校時代にさかのぼる。ギターに夢中になり、福島県郡山市の高校を中退した。バイクを乗り回す生徒や先生と飲みに行く社会人生徒が集まる、通信制高校に編入する。

いじめはなく、多くの人が楽しそう。通学は週１、２回でいいのに毎日来る。「社会で良いとされる常識や慣習とは何なのか」と疑いを持った。

高校時代にゲーム攻略情報サイトなどで起業した兄の型破りな生き方や、兄の支援で留学した米国で目の当たりにした価値観の違いに触発され、疑念をさらに深めていく。

広島大大学院では、暗黙のうちに正しいとされている価値観がどう成立するのか追求すべく「宗教認知科学」

という新分野の開拓に没頭。国際学術誌に論文を発表、国際学会でも活躍し、国立大助教に採用が決まったが、起業家の道を選んだ。

「博士の居場所が社会に少ないのは、社会的課題をビジネスで解決しようと挑む企業が少ないから。そうした企業が増えれば、博士の能力を生かす場は広がるはずだ。僕自身も挑戦を続けたい」

便利な世の中になったのに生きづらさがなくならず、頑張っても明るい未来が見えない。背景には社会の仕組みや価値観がある。「そこを変えるには、社会を構成する一人一人が論理的に考えて行動するしかない」

そのために政治や経済、教育など人間に関わる文系博士の確かな知識が求められている。「博士は社会の問題にもっと目を向け、情報を提供してほしい」。必要なインフラづくりは引き受ける覚悟だ。

（文・辻村達哉）

◎専門性生かせぬ日本

日本では年間約1万5千人が博士号を取る。人口１００万人当たりの博士号取得者数は２０１７年度に自然科学が93人、人文・社会科学が14人と、ドイツや英国の半分以下。人社系は極端に少ない。

海外では博士号を持つ経営者や官僚が珍しくない。一般企業でも、訴訟リスクの管理に哲学や倫理学の博士が携わるなど活躍の場が広がる。一方、日本では製造業の一部を除き、博士の採用に消極的で、専門性を生かせない状況が続く。

国による「大学改革」で国立大の経営基盤は不安定化し研究環境が悪化。博士を目指す若者は減り、研究力も低下した。政府は大学院生など若手の支援に乗り出したが、明るい展望はまだ見えない。

大人が話し掛けてくれる――雑談通し「信頼貯金」

「おいしそう！」。女子高校生は台に並んだクッキーやキャンディーを前に「ダイエット中なんだよね」と言いつつ、あれもこれもと手にした。

2月、横浜市の神奈川県立田奈高校の図書室に生徒が押し寄せた。週1度、お昼と放課後に開かれる「ぴっかりカフェ」。

生徒はコップに名前を書いて無料のジュースをもらい、好きな席へ。レゲエ調の曲が流れ、漫画も豊富だ。ピアノを弾く子、ゲームをする子、スタッフに悩みを話す子も。時間がゆったり過ぎた。

▼いい所だな

地元のＮＰＯ法人「パノラマ」が運営する居場所だ。支えるボランティアの中に「ミカン」と呼ばれる卒業生の高津《たかつ》実栞《みかん》（21）がいた。「在学中からよく手伝った。後輩の悩みを聞くのも楽しかった」と明るく笑う。

母と祖母との3人暮らし。「両親は結婚していないんです」。ぽつりぽつりと事情を話す。「中学は不登校で……」。部活動の顧問との衝突がきっかけだった。

「先生に冷たくされて休んで成績も落ちた。ここなら、と入学したけど友達もいなくて」

田奈高は学力試験がなく、学習面でつまずいた生徒を積極的に受け入れているが、中退者も少なくない。カフェは、その防止にも役立つ寄り添い型の支援策だ。

ミカンは最初にカフェを訪れた日、パノラマの代表理事で「マスター」の石井正宏《いしいまさひろ》（51）に「初めて？」と声を掛けられた。「大人が話し掛けてくれるのか」と驚いた。ジュースをもらい「いい所だな」。常連になった。「カフェを楽しみに1週間頑張ろうと思った」

▼課題解決の場

軽音楽部に入り、バンドを組んだ。当時の顧問は学校司書の松田《まつだ》ユリ子（60）。明るい図書室を「ぴっかり図書館」と命名し、カフェの名前の由来になった。

学校を休む子も多かったが、「カフェの日はみんな来た」とミカン。誕生日の子には石井がウクレレを弾いて祝ってくれた。「浴衣祭り」で仲間と撮った写真はミカンの宝物。「浴衣を着たのは小学校以来2度目」だ。

「ちゃんと就職しないと生きられない、と悩んでいたら、いろんな人に『世界一周した』とか『高校出てないけど』とか聞けて、考えが広がった」

図書室での支援はカフェの時間以外にも及んだ。遅刻の多い仲間は、1時間目に大事な授業がある朝が悩みだった。「図書室で朝食を食べたい」という要望を松田が快諾。ボランティアがみそ汁を出してくれて、その子は無事に卒業できた。

松田は「学校図書館は本来、生徒が持つ課題の解決につなげられる場。もっと活用されていい。教員が転勤しても、支える大人が居続ければ、卒業生も来やすい」と語る。

ミカンが進路を選択する時期が近づき、バンド活動を通して音響関係に関心を持ち始めた頃、その現場で働く男性がボランティアで来た。

話を聞いて「大変だけど、夢のある仕事だな」と感じ、専門学校に進学。今年春に卒業し、ドラマやライブ

「ぴっかりカフェ」のマスター、石井正宏（左）にレコードプレーヤーの使い方を教わる男子生徒（撮影・泊宗之）

を支える音声技術の会社に就職した。

▼自然に悩み相談

２０１４年から続くカフェには、貧困や友人関係で悩み、学校になじめない子も来る。空腹でみそ汁を４回おかわりする生徒も。石井は「生徒が『大人なんて』と言う相手はまず教師と親。ここでは『変な大人』から幅広い体験を聞ける」と解説する。学校でも家でもない、利害関係のない「サードプレイス」だ。

「学校の相談室に行けるのは勇者です。カフェなら自然に悩みを話せる」

雑談を通して人間関係を築くことを石井は「信頼貯金」と呼ぶ。残高が増えると、生徒は本音で悩みを相談し始める。

ただ、コロナ禍でカフェも長く休止が続いた。

「まだー?」。10月１日、図書室前はカフェの再開を心待ちにする生徒であふれていた。感染対策で雰囲気は一変。検温して入室し、スタッフはフェースガードを着け、生徒もマスク姿だ。

「音楽や本など『文化のシャワー』を浴びられるのもカフェの特徴」と言う石井が、２年の男子にレコードプレーヤーの使い方を教えていた。不器用に扱う生徒に伝える。

「針はね、レコード盤の端にそっと置くんだ」

それは、文化が継承された瞬間だった。

「悩みは特にない」と男子生徒。ただ、少し話すと「卒業後は就職するけど、コロナで心配。やりたいことがなくて焦る」と本音を明かした。

就職して忙しいはずのミカンに連絡したところ、自宅待機が続き、仕事を辞めたという。

「悩んではいない。でも、行き詰まったら石井さんに相談しようかな。話しやすいから」

実は、それこそが石井の狙い。石井は「応援したい。人に頼ることを覚えた子だから、いつでも来てほしい。ボランティアで参加するのを口実に」と表情を緩めた。


（文・池谷孝司）

◎全国に数十カ所

学校に「居場所カフェ」をつくる動きは各地に広がっている。「パノラマ」の石井正宏さんによると、２０１２年に大阪市で始まり、新潟県や静岡県、長崎県など数十カ所に上る。ただ悩みの相談を聞くだけでなく、課題の解決に向けてスタッフが教員と一緒に動くこともある。ソーシャルワークの起点になり、教育と福祉をつなぐ場ともいえる。課題は資金。どこも公的な予算は乏しく、寄付が頼みの綱だ。

さらに広めようと、石井さんをはじめとしたメンバーが「学校に居場所カフェをつくろう！」（明石書店）を19年に出版し、具体的な運営のノウハウを紹介している。

㊿映画監督

ゼロ地点にビジョンを見る――ミニシアターが高知に開館

２０２０／12／12

映画監督の安藤桃子《あんどうももこ》（38）は多弁だが能弁ではない。理路整然とはいかないが、とにかくその熱量に引き込まれる。

「気付いたんです。自分が大切にしていることは全部自分の内側にあったんだって。それは命。自分が生きている真ん中にある大切なところ。そのことにいつも立ち返らせてくれるのが、高知」

多くの賞を受けた作品「０・５ミリ」（２０１４年）は、妹の安藤《あんどう》サクラ（34）を主役に、「流しの介護士」ともいうべき女性を描いた。そのロケ地だった高知に、安藤桃子が拠点を移して7年になる。それから結婚し、１女をもうけ、離婚し、シングルマザーになった。ママ友達らと子どもを育て合いながら、愛車の電動ママチャリであちこち走り回ってきた。

連休中日の11月22日も、安藤は忙しかった。高知市春野町の畑で「わっしょい！　収穫&脱穀祭」がある。大豆の枝を束にして袋に入れ、昔ながらのつちで「強すぎず弱すぎず」たたくと、一粒一粒、丸い豆が袋の中にたまっていく。子どもも大人も約60人が熱中した。

「子どもの頃自然に触れたことが思い出となって、大人になった時ふと出てくれたらいいな」。秋晴れの下、安藤は畑の溝に腰掛けてそう話す。

「わっしょい！　収穫＆脱穀祭」でガイド役を務めた安藤桃子。フィナーレでは参加者親子と一緒に盛り上がった＝高知市（撮影・藤井保政）

▼人脈

主催したチーム「わっしょい！」は、50人からなる異業種集団。そう言うといかめしいが、安藤の人脈がそれだけ多岐にわたるということだ。安藤は昨年、リーダーとして高知県も巻き込み、90人余りのクリエーターや文化人を招き、3日間にわたる大イベント「カーニバル00 ｉｎ高知」を成功させた。

「あれは私にとって大群像劇だったんです。これとこれがくっついたらどうなるだろう。何もないところにビジョンを見るのが映画監督だと思う。カーニバル00も輝くビジョンが先にあって、そのように実現した〝映画〟です」

新たに「お母さん・わっしょい！」も立ち上げた。子育て中の母親たちが車座になって、悩みや喜び、さまざまな知恵を共有し合おうという集まりだ。

出産は安藤にとっても大事業だった。「まず

『お母さん、私を産んでくれてありがとう』と思いました。半分出てきた娘と目が合ったときには『ご先祖さまありがとう！』と。これまで誰か１人でもお産をあきらめていたら、ここにある命はなかったんですから――。この話をすると、なぜか涙が出るんです」と涙をぬぐう。

▼留学

なぜこんなにも安藤が人を引きつけるのか。「愛です！」。わっしょい！のメンバー、安岡典子《やすおかのりこ》（41）は即答した。「子どもたちへの純粋な愛情にうそがない。言ってることとやってることにぶれがない」。ここは「愛」や「命」という大きな言葉が、地平に降りてきたかのように軽やかに口にされる場だ。

安藤の父は俳優で映画監督の奥田瑛二《おくだえいじ》（70）、母はエッセイストでコメンテーターの安藤和津《あんどうかず》（72）。

「特殊っちゃあ特殊な家族だった。いつも両親を通して見られるのも苦しくて」高校から英国に渡った。ロンドン大学芸術学部は超難関だったが、面接で「私はゼロ地点で爆発したい」とだけ言って席を立った。

「合格して友達に驚かれましたが、確かに今につながっている。絵画から映画に移っただけで、どっちも何もないところ、ゼロ地点にビジョンを見るのが表現者だと思う」。安藤は今、２冊の本を執筆中。それもツールの違う表現だ。

▼帰郷

ニューヨークで映画作りを学び、帰国して数本の映画で助監督を務めた後、「カケラ」（２０１０年）で監督デビュー。そして「０・５ミリ」の撮影で高知へ。ある晴れた日、青空にぽっこりと顔を出す高知城の天守閣を見て、瞬間的にビジョンが見えた。「３秒で」移住を決めた。

その頃、東京の映画関連会社で働いていた同県南国市出身の宇賀朋未《うがともみ》(32)は「0・5ミリ」の初公開を高知で行う動きがあると知る。「とてつもなくうれしかった。そしてその場に居られないのが悔しかった」

宇賀は「0・5ミリ」の野外特設劇場で会った安藤に「とりあえず帰ってきちゃいなよ」と言われた。そして帰郷した2年後、「キネマM」の結成メンバーとなり、支配人を務めることになった。

キネマMは地元の建設・不動産会社社長、中澤陽一《なかざわよういち》(67)が、自社が買い取った市中心部のビルにあった。「建て替えるまで間があるから何かやろうや」と安藤に託した空間。映画上映だけでなく、さまざまな文化イベントの拠点となった。

現在は建て替え工事中だが、キネマMは来年、再開する。「いろんな仕掛けを考えているところです」。新しい映画館は安藤にとって、どんな居場所になるのだろう。

(文・岩川洋成)

◎個性的な劇場も

映画はシネコン(シネマコンプレックス)で、というのが今や大勢だろう。日本映画製作者連盟によると、多くのスクリーンを持ち、1館で複数の映画が見られるシネコンは昨年、日本の全スクリーンの88％を占めるまでになった。

メジャー作品を取りそろえるシネコンに対し、「ミニシアター」や「名画座」と呼ばれる個性的な作品を上映する映画館の数は、昨年までの10年で2館19スクリーン増加、と奮闘している(日本コミュニティシネマセンター調べ)。中小の町で、パン屋、カフェ、書店などを兼ねる劇場も増えつつあるという。

再開した「キネマM」がどんな個性を発揮するか――。今から楽しみだ。

エピローグ

2020/12/12

大型連載「わたしの居場所」をどう読み、何を考えたか。虐げられた人々を描く小説家の木村友祐さんと、若者の困難を研究する東京大教授の本田由紀さんに寄稿してもらった。

命のありようを問いかける——生きづらい効率優先の社会

小説家　木村友祐

この国の人々の居場所を、丸々1年間、50回もの連載で伝えた「わたしの居場所」。よくぞこんな場所と人を見つけたなあと思うくらい、北海道から沖縄、絶海の孤島の青ケ島まで、全国に点在する居場所が紹介されていた。

日本に逃れてきた難民を支える人々。暴力団員をやめて災害ボランティアに奔走する人。困窮した末の過ちのため、家族とほとんど会えないイラン人。アイヌの心のよりどころをめざす料理店……。

人の生きる様態がさまざまなように、居場所の姿もじつに多様だ。

その中で、ぼくがこの連載の大切な核心だと思ったのは、誰もがありのままで尊重され、受け入れられているという安心感を与えてくれるいくつかの居場所だった。

不登校の子どもやひきこもりの若者、障害のある者、アルコール依存症患者、性暴力をはじめとするさまざまな暴力に傷ついた女性、そして性的マイノリティーなど、社会の周縁に置かれた人々が必要とする居場所がある。

そして気づくのは、そのような人々を受け入れる居場所は、自然発生的にできたわけではないということだ。一つの居場所があるのは、その居場所をつくりだした人がいたということとセットである。

社会は、そこに暮らす者にとっては「世界」に等しいものとなる。だが、今ある社会の姿が絶対というわけではないし、黙って従うだけのものでもない。自分の生や尊厳を圧迫する社会なら、より生きやすいように変えていくべきものだ。

「誰かが行動を起こして、変えてくれた。自身が変化を促す存在になることが大事だ」

ＬＧＢＴの理解促進のためにＮＰＯ法人をつくった人の言葉のように、その多様な生を受けとめる場所を、この社会の中に自分たちでつくるのである。

とりわけ深く心に残った記事がある。特別養子縁組により、障害のある赤ん坊をわが子として迎えた人々のことを伝えた記事だ。

ダウン症の子どもを迎えた男性は言う。

「障害は特別な手助けを必要としているだけ。人間性や、人間としての価値が失われるわけではなく、生まれてきただけで存在の意味はある」

命に対する彼らの考え方に、激しく心を揺さぶられた。この記事により「わたしの居場所」をめぐる考察は、社会における「命の居場所」を問う次元へ踏み込んだと思う。

今のぼくらの社会は、多様な命のありようをそのままに受けとめ、支えようとする社会になっているか。ある基準に基づいて命を評価・選別したり、排除したりする社会になっていないか。

もしそうだとしたら、この効率優先の社会そのものが、居場所を見失う人々を続々と生みだしているのではないか。

たしかなことは、命が無条件に認められない社会は、少数派、多数派を問わず、誰にとっても生きづらいということだ。

この社会における「命の居場所」を、ぼくらはどう位置づけるべきか。あるいは、どう位置づけたいのか。

この連載は、深いところで、その問いを読者一人ひとりの心に投げかけているように思う。

きむら・ゆうすけ　１９７０年青森県生まれ。２００９年「海猫ツリーハウス」ですばる文学賞を受けデビュー。「幼な子の聖戦」で芥川賞候補に。他の作品に「イサの氾濫」「私とあなたのあいだ」(温又柔《おんゆうじゅう》との共著)など。

まだ大丈夫、と思えた——前に前に進む人々

東京大教授　本田由紀

私はさまざまなデータを通して、主に日本の社会状況を把握する仕事をしているが、気がめいることがしばしばある。国際比較で見れば、日本は望ましくない指標が飛びぬけて高く、望ましい指標は飛びぬけて低い場

合が多々ある。

また、政治の動向に鬱々《うつうつ》とすることも多い。うそや違法が後を絶たず、新型コロナウイルス禍で増える困窮者に無策な与党政治家の言動に、悲憤慷慨《こうがい》し続けている。

こうした日常を送っていると、もうこの社会は駄目なのではないか、と思ってしまうこともある。そのたびに、ぶんぶんと頭を振って、たとえ滅びるにしても滅びるまでの間を少しでも醜くなく、つらい人が大量に生み出され続けないようにするために、自分にできることはしなければ、と気を取り直す。だが、ため息は出る。

そのような私にとって、「わたしの居場所」の連載は、誇張ではなく、まさに砂漠の中のオアシスのように感じられていた。政策でもデータでもない、思考と感情と体温をもつ市井の人々が、それぞれの場所で懸命に、だがのびのびと生きている。その様子を知ることができて、ああ、この社会はまだ大丈夫なのかもしれない、と思うことができたのだ。

各回で描かれている方々は、取り組みの内容も、地理的な所在も、非常に多種多様である。苦しい誰かを助ける仕事、怒りの声をあげる活動、楽しい何かを広げる動き、新しい活力を生み出す事業……。古くからあるものを大切に続けたり、古いものに新鮮な装いをまとわせたり、まったく無かったものを創《つく》り出したり。

これほど異なっていても、共通していることがある。それは、世の中の常識や慣例にとらわれることなく、個人として大事だと考え感じることに向かって、かつ周りの人と風通しの良い関係を取り結びながら、前に前に進んでいるということだ。だから、とても魅力的なのだ。

多くは過去のどこかで何かの転機を経験し、そこから自分の方向をつかみとっている。大きな地理的な移動を伴っている場合も多い。それらはある種、人生上の断絶なのだが、それを経たからこそ、いまの状態を自分が選んだ「居場所」と感じることができている。

居場所。それは、物理的な拠点でもあり、社会的な役割でもある。この連載で描かれた居場所とは、自分らしく存在していられるとともに、周囲や社会に対してがっぷり四つの関係を取り結び、確実に影響を及ぼせるような立脚点のことだ。

そうした居場所を、私を含む誰もが見つけられる社会、自由で柔軟で個性的な活力が、あふれるように湧き上がる社会であってほしいと思う。

あるいは、数多くの課題を抱えている社会だからこそ、自分自身の視線と行動によって、居場所を得ていくことはむしろ広く可能なのかもしれない。

全国各地から、このように勇気づけられる人々とエピソードを見いだし描いてきた記者の方々にも、敬意を表したい。

大丈夫、この社会は捨てたもんじゃない。ため息ではなく深呼吸をして、また明日に向かおう。

ほんだ・ゆき　１９６４年徳島市生まれ、高松市育ち。東大で博士号を取得。専門は教育社会学。単著に「社会を結びなおす」「教育は何を評価してきたのか」、編著に「危機のなかの若者たち」「国家がなぜ家族に干渉するのか」など。

あとがき

　１９９０年代初めのバブル経済崩壊により、日本は「失われた30年」に入った。規制緩和で非正規労働者が急増したのをはじめ、社会の格差が拡大する。インターネットの普及に伴って、一人ひとりが興味のあるニュースにしか接しない〝情報偏食〟も広がり、分断が深刻化していく。よって立つ「居場所」をなくした人は多い。

　世界史的な潮流だけに、あらがうのは容易ではない。だが、自分の手の届く範囲で、居場所をつくり出した人たちがいる。そこを訪ねることで、変転する時代の断面を描けないか。そんな思いから、本書のもとになる新聞連載記事「わたしの居場所」を始めた。

　２０２０年１月から12月まで、エピローグの寄稿を含め計51回、共同通信社から加盟新聞社に配信し、一部使用を含め36紙に掲載された。紙面１ページを丸々使って大きく載せた新聞も少なくない。共同通信のベテラン編集委員を中心に、地方支社局の若手記者らも企画募集に応じ、計51人が取材・撮影を分担した。コロナ禍の影響で、一時は取材がほぼ全面的にストップしたが、何とか週１回の連載を継続できた。

　書籍化に際しては、配信後に事情が大きく変わったごく一部の回を除き、各回の順番を含め、記事をそのまま収録した。２枚あった写真のうち１枚と、地図は割愛した。年齢なども配信当時のもので、連載同様、煩雑さを避けるため勝手ながら敬称は略した。

　取材にご協力いただいた全てのみなさまに、改めてお礼申し上げます。そして、この本を手に取ってくださった方々に、登場人物の熱い思いが伝われば幸いです。

共同通信編集委員・「わたしの居場所」編集長　原真

一般社団法人の共同通信社は、内外の新聞社や放送局、インターネットメディアなどにニュースを提供する非営利の報道機関。いわば「ニュースの製造・卸」で、国内では新聞約60社、テレビ・ラジオ約110社を中心に記事や写真、動画などを配信している。本社は東京都港区。職員約1700人。

【本連載の掲載紙】
室蘭民報、東奥日報、デーリー東北、秋田魁新報、河北新報、山形新聞、茨城新聞、埼玉新聞、千葉日報、毎日新聞、東京新聞、産経新聞、フジサンケイビジネスアイ、ジャパンタイムズ、山梨日日新聞、信濃毎日新聞、新潟日報、中日新聞、中部経済新聞、岐阜新聞、伊勢新聞、北日本新聞、福井新聞、京都新聞、神戸新聞、山陽新聞、中国新聞、山口新聞、徳島新聞、愛媛新聞、高知新聞、西日本新聞、大分合同新聞、佐賀新聞、長崎新聞、熊本日日新聞。

わたしの居場所

2021年4月30日　第1版第1刷発行

著　者●共同通信社取材班
発行人●成澤壽信
編集人●西村吉世江
発行所●株式会社 現代人文社
〒160-0004 東京都新宿区四谷2-10 八ッ橋ビル7階
電話 : 03-5379-0307（代表）/ FAX: 03-5379-5388
Eメール : henshu@genjin.jp（編集）/ hanbai@genjin.jp（販売）
発売所●株式会社 大学図書
印刷所●株式会社 平河工業社
装　丁●加藤英一郎

検印省略　Printed in JAPAN
ISBN978-4-87798-781-7 C0036